Les mystères de la Franc-maçonnerie enfin dévoilés

Yves Guéchi

Published by Yves Guéchi, 2024.

While every precaution has been taken in the preparation of this book, the publisher assumes no responsibility for errors or omissions, or for damages resulting from the use of the information contained herein.

LES MYSTÈRES DE LA FRANC-MAÇONNERIE ENFIN DÉVOILÉS

First edition. November 11, 2024.

Copyright © 2024 Yves Guéchi.

ISBN: 979-8227312617

Written by Yves Guéchi.

Les mystères de la Franc-maçonnerie enfin dévoilés

Bien que toutes les précautions aient été prises lors de la préparation de ce livre, l'éditeur et l'auteur n'assument aucune responsabilité pour les erreurs ou omissions, ou pour des dommages résultant de l'utilisation des informations contenues dans le présent document.

Première édition : 10 novembre 2024.
   Copyright © 2024 Yves Guéchi.
   Écrit par : Yves Guéchi.
   "Le Code de la propriété intellectuelle et artistique n'autorisant, aux termes des alinéas 2 et 3 de l'article L.122-5, d'une part, que les « copies ou reproductions strictement réservées à l'usage privé du copiste et non destinées à une utilisation collective » et, d'autre part, que les analyses et les courtes

citations dans un but d'exemple et d'illustration, « toute représentation ou reproduction intégrale, ou partielle, faite sans le consentement de l'auteur ou de ses ayants droit ou ayants cause, est illicite » (alinéa 1er de l'article L. 122-4). Cette représentation ou reproduction, par quelque procédé que ce soit, constituerait donc une contrefaçon sanctionnée par les articles L. 335-2 et suivants du Code de la propriété intellectuelle."

Sommaire :

Chapitre 1 : Les origines de la Franc-maçonnerie 3
Chapitre 2 : Les symboles maçonniques 10
Chapitre 3 : Les grades et les rituels 19
Chapitre 4 : Le rôle des loges maçonniques 28
Chapitre 5 : Les personnalités franc-maçonnes célèbres 36
Chapitre 6 : La franc-maçonnerie et la politique 43
Chapitre 7 : Les femmes dans la Franc-maçonnerie 50
Chapitre 8 : Les controverses et les théories conspirationnistes 57
Chapitre 9 : La philanthropie maçonnique 64
Chapitre 10 : Les rituels maçonniques dans le monde contemporain 71
Chapitre 11 : La Franc-maçonnerie et la spiritualité 78
Chapitre 12 : Être franc-maçon à l'ère moderne 85

Chapitre 1 : Les origines de la Franc-maçonnerie

Explorez les racines historiques de la Franc-maçonnerie et découvrez son développement depuis ses premières formes en Écosse jusqu'à sa diffusion en France.

Au cœur des mystères qui entourent la Franc-maçonnerie, se cachent les origines de cette fraternité séculaire. Les premières traces de la Franc-maçonnerie remontent au XVIIe siècle en Écosse, mais les véritables origines de cette organisation demeurent jusqu'à présent un sujet de débat et d'interprétation parmi les chercheurs et les historiens.

Pour comprendre les racines de la Franc-maçonnerie, il est essentiel d'explorer les guildes de métiers médiévales qui avaient pour objectif de former et de protéger les artisans. Ces guildes rassemblaient des maçons qui érigeaient les cathédrales gothiques, des hommes habiles dans l'art de la construction et détenant des secrets techniques encore inconnus à l'époque.

Cependant, c'est en Écosse que la Franc-maçonnerie commence à prendre forme en tant qu'organisation distincte. Les loges maçonniques, appelées "lodges" en anglais, se rassemblent autour des projets de construction, mais aussi pour échanger leurs connaissances, partager des valeurs et forger des liens fraternels. Les loges maçonniques sont les racines véritables de la Franc-maçonnerie moderne.

Au cours des siècles suivants, la Franc-maçonnerie se popularise et s'étend progressivement sur le continent européen, notamment en France. La Franc-maçonnerie française se développe à partir du XVIIIe siècle, notamment grâce à l'influence des idées des Lumières qui promeuvent la liberté, l'égalité et la fraternité. Elle devient un foyer pour les idées révolutionnaires et progressistes de l'époque.

La Franc-maçonnerie française, tout en s'inspirant des loges écossaises, se distingue par sa propre structure et ses particularités. Les loges maçonniques françaises adoptent des rituels spécifiques et développent une philosophie unique, solidaire et humaniste.

Mais au-delà de son expansion géographique, la Franc-maçonnerie se forge également une réputation énigmatique. Elle est entourée de nombreux mystères qui alimentent l'intérêt et la curiosité du public. Certains voient en elle une société secrète, d'autres y perçoivent une organisation philanthropique, voire un groupe d'influence politique. Cette part de mystère alimente les fantasmes et les spéculations, attirant des personnes en quête de vérité.

Les valeurs fondamentales de la Franc-maçonnerie, telles que la tolérance, la recherche de la vérité et la fraternité, sont souvent mises en avant par ses membres. Elle est perçue comme une voie vers l'émancipation individuelle, l'amélioration de soi et l'engagement dans des actions philanthropiques.

En conclusion, les origines de la Franc-maçonnerie restent un sujet de débat et de fascination. Que l'on considère les loges écossaises comme ses premières formes, ou que l'on explore son développement en France, la Franc-maçonnerie représente bien plus qu'une simple organisation. Elle incarne un héritage ancestral, aux valeurs humanistes, qui continue de fasciner et de rassembler des hommes et des femmes à travers le temps. Dans la seconde moitié de ce chapitre, nous plongerons plus profondément dans les rituels, les symboles et les influences de la Franc-maçonnerie. Soyez prêts à découvrir un univers empreint d'énigmes et de secrets bien gardés. La Franc-maçonnerie est une organisation qui a suscité et continue de susciter de nombreuses interrogations et spéculations. Ses rituels, ses symboles et son influence laissent transparaître une aura de mystère et de secret. Dans la seconde moitié de ce chapitre, nous plongerons donc plus profondément dans cet univers énigmatique pour révéler certains de ces rituels, symboles et influences.

Les rituels maçonniques, minutieusement exécutés lors des réunions au sein des loges, sont l'une des caractéristiques les plus intrigantes de la Franc-maçonnerie. Ces rituels sont basés sur des traditions ancestrales transmises de génération en génération. Par le biais de gestes, de paroles et de symboles, ils visent à transmettre des valeurs morales et à incarner des principes de fraternité, de tolérance et de recherche de la vérité. Les maçons considèrent ces rituels comme des outils pour leur propre développement personnel et spirituel.

Parmi les symboles présents dans les rituels maçonniques, on retrouve le compas et l'équerre, qui représentent l'harmonie et l'équilibre entre les différentes dimensions de l'être humain. La pierre brute est également un symbole majeur, rappelant le travail de chaque individu sur lui-même, afin de se perfectionner et de devenir un maçon accompli. Les symboles maçonniques sont multiples et complexes, et leur interprétation peut varier d'une loge à l'autre, offrant ainsi une grande richesse de sens et d'enseignements.

L'influence de la Franc-maçonnerie ne se limite pas à ses rituels et à ses symboles. Au fil des siècles, elle a joué un rôle important dans la société, influençant les domaines de la politique, de la culture et de la philanthropie. De nombreux personnages historiques de renom, tels que Voltaire, Mozart et Benjamin Franklin, étaient membres de la Franc-maçonnerie, ce qui témoigne de son impact sur la scène internationale.

En particulier, la Franc-maçonnerie a eu une influence significative sur la Révolution française. Les idéaux de liberté, d'égalité et de fraternité, promus par la Franc-maçonnerie, se sont répandus dans les cercles intellectuels et politiques de l'époque. De nombreux révolutionnaires étaient francs-maçons et ont contribué à façonner le mouvement révolutionnaire français. La célèbre devise française, "Liberté, Égalité, Fraternité", trouve ses racines dans les principes maçonniques.

En France, la Franc-maçonnerie a prospéré au cours du XVIIIe siècle, devenant une institution pleinement intégrée à la société. Les loges maçonniques se sont multipliées, rassemblant des hommes de différents milieux sociaux, des nobles aux artisans. Les loges françaises ont développé leur propre structure, distincte de celles des loges écossaises ou anglaises. Elles étaient organisées en obédiences ou en grandes loges, chacune ayant son propre système de fonctionnement.

La Franc-maçonnerie française a également été marquée par la création de rituels spécifiques, qui reflètent les valeurs humanistes et sociales propres à la culture française. Ces rituels donnent aux membres un cadre pour leur développement spirituel et moral, et renforcent les liens fraternels qui les unissent.

Au-delà de son rôle historique et de ses influences politiques, la Franc-maçonnerie continue d'être une source d'inspiration et d'engagement pour ses membres. La philanthropie occupe une place centrale dans les actions des loges maçonniques, qui financent des projets sociaux, éducatifs et humanitaires. Les valeurs prônées par la Franc-maçonnerie, telles que la tolérance, la bienveillance et le respect mutuel, sont mises en pratique par ses membres à travers leurs actions concrètes au service de la société.

En conclusion, la Franc-maçonnerie est bien plus qu'une simple organisation. Elle représente un héritage riche en histoire et en valeurs humanistes. Ses origines, initialement en Écosse puis en France, ont été marquées par l'émergence de loges maçonniques et par l'expansion progressive de l'institution à travers le continent européen. Les rituels, les symboles et l'influence de la Franc-maçonnerie sont autant d'éléments qui alimentent l'intérêt et la fascination du public. Quelles que soient les opinions, la Franc-maçonnerie incarne un engagement envers l'émancipation individuelle, la recherche de la vérité et la poursuite de l'idéal de fraternité. Vous êtes invités à franchir le seuil de cet univers énigmatique, où les secrets sont bien gardés et où les mystères se mêlent à la quête de vérité.

Chapitre 2 : Les symboles maçonniques

Dévoilez les significations cachées derrière les symboles ésotériques utilisés par les francs-maçons dans leurs rituels et cérémonies.

Les symboles maçonniques sont l'une des caractéristiques les plus intrigantes et captivantes de la franc-maçonnerie. Ces emblèmes mystérieux, riches en sens et en histoire, sont chargés de symboles ésotériques qui expriment de profonds concepts philosophiques et spirituels. Dans ce chapitre, nous lèverons le voile sur quelques-uns de ces symboles maçonniques et essayerons de comprendre les significations cachées derrière eux.

L'un des symboles les plus emblématiques de la franc-maçonnerie est l'équerre et le compas. Ces outils symboliques rappellent à chaque franc-maçon l'importance de la mesure, de l'équilibre et de la rectitude dans sa vie. L'équerre incarne la rectitude des actions et des intentions, tandis que le compas représente la maîtrise de soi et l'harmonie entre les différentes forces de l'existence. Ensemble, ils forment un symbole puissant de la dualité et de l'unité.

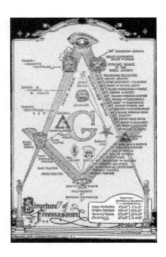

Un autre symbole souvent présent dans les loges maçonniques est le miroir. Ce miroir, généralement utilisé dans les rituels d'initiation, est un rappel puissant de la nécessité de se connaître soi-même. En se regardant dans le miroir, le franc-maçon est encouragé à une introspection profonde, à explorer ses propres imperfections et à chercher la lumière intérieure. Ce symbole souligne également l'importance de la réflexion et de l'introspection comme moyens de croissance personnelle.

Les colonnes jumelles, souvent représentées par les piliers de Boaz et de Jachin, sont un autre symbole récurrent dans la franc-maçonnerie. Ces colonnes rappellent les piliers du temple légendaire de Salomon et symbolisent la dualité fondamentale de l'univers. Boaz représente la force, la stabilité et l'endurance, tandis que Jachin incarne la beauté, l'harmonie et l'élévation spirituelle. Ensemble, ces colonnes soulignent l'importance d'équilibrer les aspects matériels et spirituels de la vie.

L'œil qui voit tout, ou l'œil de la providence, est peut-être l'un des symboles les plus intrigants de la franc-maçonnerie. Il est généralement représenté au sommet d'une pyramide, symbolisant la connaissance suprême et la divinité. Cet œil représente la surveillance divine et rappelle aux francs-maçons l'importance d'un comportement éthique et juste dans tous les aspects de leur vie. Il les encourage à toujours garder à l'esprit que leurs actions ne passent pas inaperçues.

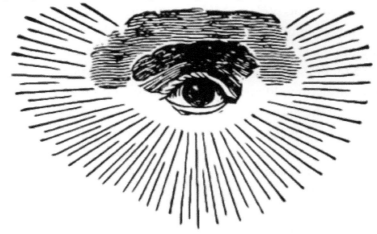

Le tablier maçonnique est également un symbole important et respecté parmi les francs-maçons. Le tablier, porté par chaque membre lors des cérémonies et des réunions maçonniques, évoque le concept de l'ouvrage et du travail. Il rappelle à chacun que la franc-maçonnerie est une voie d'apprentissage, d'amélioration personnelle et de service à l'humanité. Le port du tablier est un rappel humble de l'engagement d'un franc-maçon envers sa propre évolution et son engagement envers la communauté.

Ce ne sont là que quelques exemples des nombreux symboles maçonniques fascinants présents dans la franc-maçonnerie. Chacun d'entre eux porte une signification profonde et invite les francs-maçons à explorer, à méditer et à rechercher une compréhension plus approfondie de leur propre cheminement spirituel. Se plonger dans les symboles maçonniques est une aventure captivante et enrichissante, où chaque franc-maçon peut trouver des réponses, des énigmes et des vérités cachées.

Dans cette seconde moitié du chapitre consacré aux symboles maçonniques, nous allons poursuivre notre exploration des significations cachées derrière ces emblèmes ésotériques fascinants. Les francs-maçons utilisent ces symboles dans leurs rituels et leurs cérémonies pour exprimer des concepts philosophiques et spirituels profonds.

Un symbole important que l'on trouve dans de nombreuses loges maçonniques est la rose. La rose est souvent associée à la beauté, à la pureté et à l'amour. Dans la franc-maçonnerie, elle exprime également la perfection et l'accomplissement spirituel. La rose est un rappel constant pour chaque franc-maçon de cultiver ses propres vertus et de s'épanouir dans son cheminement spirituel. Elle symbolise également la quête de la vérité et de la connaissance, essentielle à tout franc-maçon dans sa recherche de l'illumination.

Un autre symbole maçonnique intrigant est la lettre "G". Cette lettre est généralement utilisée pour représenter la "Grandeur" ou la "Génération", et symbolise la présence divine dans la Franc-maçonnerie. La lettre "G" est souvent placée au centre de l'œil qui voit tout, soulignant ainsi l'importance de la spiritualité et de la recherche de l'excellence dans la vie d'un franc-maçon. Elle rappelle également l'importance de la connaissance et de l'étude dans la quête de la sagesse et de la vérité.

Les symboles maçonniques utilisant des nombres sont par ailleurs nombreux. Par exemple, le nombre trois est souvent considéré comme sacré dans la franc-maçonnerie. Il représente l'unité, la diversité et l'équilibre. Les francs-maçons utilisent fréquemment des triangles dans leurs symboles pour représenter cette trinité. De plus, le nombre sept est également considéré comme mystique et sacré. Il évoque l'achèvement et la perfection, tout en symbolisant les sept jours de la création.

En parlant de symboles liés aux nombres, le pavé mosaïque est une représentation visuelle fréquente. Ce motif de cases noires et blanches montre les contrastes de la vie et rappelle aux francs-maçons l'importance de l'harmonie et de la réconciliation des opposés. Il symbolise l'existence de l'ombre et de la lumière, du bien et du mal, et rappelle l'importance de la compréhension et de la tolérance.

Le compas et l'équerre, dont nous avons déjà parlé dans la première partie de ce chapitre, méritent également d'être approfondis. Ces outils symboliques représentent non seulement la mesure et l'équilibre dans la vie d'un franc-maçon, mais ils incitent également à la recherche de l'harmonie entre le matériel et le spirituel, le rationnel et le mystique. Ils rappellent la nécessité d'aligner nos actions et nos intentions avec des principes éthiques et moraux élevés.

Enfin, un symbole qui joue un rôle central dans la franc-maçonnerie est la pierre brute. Cette pierre non taillée symbolise le potentiel inexploité et la nature imparfaite de chaque individu. Elle invite les francs-maçons à travailler sur eux-mêmes, à se perfectionner et à se forger dans le cadre de la fraternité maçonnique. La pierre brute souligne également l'importance du travail acharné, de la persévérance et de l'engagement dans la recherche de la vérité et de l'accomplissement spirituel.

Au fur et à mesure de notre exploration des symboles maçonniques, il devient de plus en plus évident que la franc-maçonnerie est un chemin initiatique riche en enseignements et en réflexions. Chaque symbole évoque une signification profonde et invite les francs-maçons à se questionner, à méditer et à chercher une compréhension plus approfondie de leur propre cheminement spirituel.

En conclusion, les symboles maçonniques sont une partie intégrante de la franc-maçonnerie, intriguant et captivant ses membres. Chaque symbole porte en lui des enseignements et des vérités cachées qui incitent les francs-maçons à explorer et à approfondir leur propre croissance spirituelle. La compréhension de ces symboles maçonniques est une aventure enrichissante, où chacun peut trouver des réponses à ses propres questions, des énigmes à résoudre et des vérités à découvrir dans sa quête de lumière et de sagesse.

Chapitre 3 : Les grades et les rituels

Plongez dans le monde des grades maçonniques et des rituels secrets, révélant les étapes d'initiation et les devoirs associés à chaque niveau.

Depuis des siècles, la Franc-maçonnerie a fasciné et intrigué les esprits curieux. Cette organisation énigmatique a conservé une aura de mystère, attisant la curiosité de ceux qui cherchent à comprendre ses rituels et ses grades. Dans ce chapitre, nous allons explorer cet univers énigmatique et découvrir les secrets des grades maçonniques et des rituels qui rythment la vie des Francs-maçons.

Au sein de la Franc-maçonnerie, les membres progressent à travers différents grades, chacun symbolisant un niveau supérieur de connaissance et de compréhension. Ces grades éminents du mystérieux voile qui entoure cette organisation.

Le premier grade, connu sous le nom d'apprenti, représente le commencement du voyage maçonnique. L'apprenti est guidé à travers une série de rituels initiatiques qui lui enseignent les principes fondamentaux de la Franc-maçonnerie. C'est une période où l'aspirant maçon développe sa compréhension des symboles et de la philosophie maçonnique, tout en apprenant à se connaître lui-même.

La progression se poursuit ensuite avec le grade de compagnon. À ce stade, le Franc-maçon a déjà acquis une certaine compréhension et une expérience de base. Le rituel compagnonnique approfondit l'enseignement des symboles maçonniques et encourage le maçon à examiner de plus près l'histoire et les enseignements de l'organisation. C'est à travers ces rites que l'apprenti commence à découvrir les véritables mystères de la Franc-maçonnerie.

Le point culminant du parcours maçonnique est le grade de maître maçon. Celui-ci représente la maîtrise des connaissances et de la sagesse maçonniques. Le rituel de maître maçon est à la fois complexe et profond, plongeant le maçon dans des réflexions sur la vie, la mort et le sens de l'existence humaine. Le maître maçon est alors considéré comme un gardien des enseignements maçonniques et un guide pour les générations futures.

Chaque grade maçonnique est accompagné de devoirs propres à son niveau. Il incombe à chaque Franc-maçon de se consacrer à la recherche de la vérité et de promouvoir les valeurs de la Franc-maçonnerie dans sa vie quotidienne. Ceci demande un engagement profond et une volonté d'appliquer ces principes dans tous les aspects de sa vie.

Au-delà des grades, la Franc-maçonnerie possède également une large gamme de rituels qui jalonnent le parcours initiatique de chaque membre. Ces rituels sont riches en symbolisme et en allégories, visant à guider les Francs-maçons vers une compréhension plus profonde de leur propre cheminement spirituel.

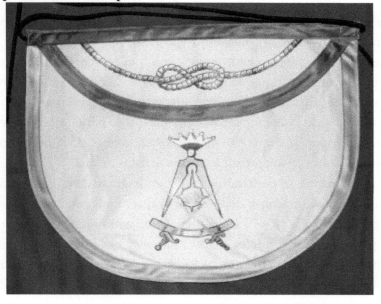

Les rituels maçonniques jouent un rôle crucial dans la transmission des enseignements et des traditions de la Franc-maçonnerie. Ils créent une expérience émotionnelle et spirituelle unique, rassemblant les membres autour d'une compréhension commune de la tradition maçonnique.

LES MYSTÈRES DE LA FRANC-MAÇONNERIE ENFIN DÉVOILÉS

Alors que nous nous aventurons dans le monde des grades maçonniques et des rituels secrets, nous découvrons un univers mystique et révélateur. Notre exploration des premiers grades a ouvert la porte vers une sagesse ancienne et un enseignement profondément spirituel. Mais nos recherches ne font que commencer. Les prochains chapitres dévoileront les secrets ultimes de la Franc-maçonnerie, nous emmenant plus profondément dans les mystères et les vérités enfouies.

Suspendons notre récit ici, laissant nos esprits en éveil et notre curiosité en ébullition. La suite de notre exploration des grades et des rituels de la Franc-maçonnerie révélera des connaissances encore plus fascinantes. Restez à l'affût pour continuer ce voyage passionnant et éclairant.

Lorsqu'un Franc-maçon atteint le grade de maître maçon, il accède à un niveau de connaissance et de sagesse supérieur. Le rituel de maître maçon est profondément réfléchi, emmenant le maçon dans une contemplation sur les mystères fondamentaux de l'existence humaine. À travers ce rituel, le maître maçon est initié à la réflexion sur la vie, la mort et le sens de notre existence. Cette réflexion approfondie incite le maçon à remettre en question ses propres croyances et à poursuivre la quête personnelle de vérité.

Le maître maçon est considéré comme un gardien des enseignements maçonniques, chargé de transmettre ces connaissances aux générations futures. Son rôle est de guider les nouveaux membres et de veiller à ce que les valeurs de la Franc-maçonnerie soient préservées et respectées. L'engagement envers ces principes n'est pas seulement une responsabilité, mais aussi une fierté pour chaque maître maçon.

Cependant, les grades maçonniques ne sont pas uniquement accompagnés de privilèges, mais aussi de devoirs. Chaque membre de la Franc-maçonnerie a le devoir de rechercher la vérité et de promouvoir les valeurs de l'organisation dans tous les aspects de sa vie quotidienne. Cela demande un engagement profond et une volonté d'appliquer les principes maçonniques en toute circonstance.

Au-delà des grades, la Franc-maçonnerie est également riche en rituels qui marquent le parcours initiatique de chaque membre. Ces rituels sont conçus pour guider les Francs-maçons vers une compréhension plus profonde de leur propre cheminement spirituel. Ils sont empreints de symbolisme et d'allégories, créant une expérience émotionnelle et spirituelle unique.

Les rituels maçonniques jouent un rôle crucial dans la transmission des enseignements et des traditions de la Franc-maçonnerie. Ils permettent de créer un lien fort entre les membres, favorisant une compréhension commune de la tradition maçonnique. Ces rituels sont véritables moments de partage et d'introspection, où chacun peut trouver une connexion avec quelque chose de plus grand que soi.

Notre exploration des grades maçonniques et des rituels secrets nous a déjà emmenés dans un voyage mystique et révélateur. Nous avons découvert une sagesse ancienne et profondément spirituelle à travers les premiers grades. Cependant, nos recherches ne font que commencer. Les prochains chapitres révéleront des connaissances encore plus fascinantes et nous plongerons plus profondément dans les mystères et les vérités enfouies de la Franc-maçonnerie.

Alors, suspendons notre récit ici, laissant nos esprits en éveil et notre curiosité en ébullition. La suite de notre exploration des grades et des rituels de la Franc-maçonnerie nous réserve encore de nombreuses découvertes passionnantes. Restez à l'affût pour continuer ce voyage éclairant qui nous mènera à la compréhension ultime de cette organisation ésotérique.

Continuez à vous immerger dans l'univers mystérieux de la Franc-maçonnerie et laissez-vous guider par les secrets et les vérités révélés au fur et à mesure de notre progression au sein de cette fascinante société. Ouvrez votre esprit à l'exploration de l'inconnu, et découvrez la richesse spirituelle et philosophique que la Franc-maçonnerie a à offrir. Le voyage sera certainement passionnant, illuminant notre chemin sur la voie de la connaissance et de la sagesse.

Le Vénérable commande la manœuvre des verres. « En avant les armes ! » s'écrie-t-il, et chacun, la serviette jetée sur l'épaule, porte son verre en avant, à bras tendu.

Chapitre 4 : Le rôle des loges maçonniques

Comprenez les fonctions et les structures des loges maçonniques, des lieux où les francs-maçons se réunissent, débattent et travaillent à la réalisation de leurs idéaux.

Les loges maçonniques, véritables piliers de la franc-maçonnerie, jouent un rôle central dans cette société secrète. Ces lieux mystérieux, où les membres se réunissent régulièrement, permettent aux francs-maçons de se connecter les uns aux autres, de partager leurs idées et de travailler ensemble pour le bien commun.

La structure des loges maçonniques est basée sur une hiérarchie interne bien établie. Au sommet de cette structure, se trouve le Grand Maître, qui est le chef de la loge et détient l'autorité suprême. Sous sa direction, les loges sont divisées en différents degrés, représentant les étapes de progression initiatique dans la franc-maçonnerie.

Chaque loge est dirigée par un Vénérable Maître, élu par les membres, et assisté par d'autres officiers tels que le Premier Surveillant et le Deuxième Surveillant. Ensemble, ils sont responsables de la gestion quotidienne de la loge, de la planification des rituels et des événements, et de veiller au respect des traditions maçonniques.

Les loges maçonniques sont un espace privilégié où les francs-maçons peuvent se retrouver, loin des regards indiscrets, pour échanger librement et en toute fraternité. Elles sont considérées comme des lieux de partage de connaissances, d'apprentissage et de développement personnel. Chaque loge a ses propres rituels, ses symboles et sa philosophie spécifiques, qui sont transmis de génération en génération.

Pour être membre d'une loge maçonnique, il faut adhérer à certaines valeurs fondamentales telles que la tolérance, la fraternité, la justice et le respect mutuel. Les loges sont des lieux où les préjugés et les discriminations sont rejetés, où l'individu est encouragé à cultiver sa

LES MYSTÈRES DE LA FRANC-MAÇONNERIE ENFIN DÉVOILÉS

spiritualité et à s'élever au-dessus des différences de croyances religieuses, sociales ou ethniques.

Chaque loge maçonnique est unique, dotée de sa propre identité et de son histoire. Les membres travaillent en étroite collaboration pour développer des projets philanthropiques, soutenir des causes humanitaires et promouvoir des idéaux éthiques et moraux dans la société. Les loges maçonniques sont souvent impliquées dans des actions de bienfaisance, offrant aide et soutien aux plus démunis.

Il convient de noter que les loges maçonniques n'ont pas de caractère religieux ou politique en tant que tel. Elles ne prônent ni ne soutiennent aucune doctrine particulière. Au contraire, elles invitent leurs membres à cultiver leur propre spiritualité et à développer un sens de la fraternité universelle.

Au-delà de leur rôle intrinsèque au sein de la franc-maçonnerie, les loges maçonniques offrent également un espace de camaraderie, de rencontres et d'échanges entre les membres. Ces interactions renforcent les liens d'amitié et de complicité au sein de la communauté maçonnique, contribuant ainsi à l'épanouissement personnel et à la construction d'un réseau solide.

Les loges maçonniques sont donc bien plus que de simples lieux de réunion. Elles représentent le cœur vibrant de la franc-maçonnerie, où les francs-maçons se rassemblent pour donner vie à leurs idéaux communs. Dans la seconde partie de ce chapitre, nous explorerons plus en détail les différents rituels et initiations qui ont lieu au sein des loges maçonniques. Vous découvrirez un univers fascinant qui vous plongera au cœur même des mystères de la franc-maçonnerie. Restez accrochés à votre siège, car vous serez bientôt initiés à des secrets ancestraux qui ont captivé l'imagination de nombreux chercheurs et curieux tout au long de l'histoire.

Dans la seconde partie de ce chapitre, nous allons explorer de manière approfondie les différents rituels et initiations qui ont lieu au sein des loges maçonniques. Préparez-vous à plonger au cœur même des mystères de la franc-maçonnerie et à découvrir des secrets ancestraux qui ont captivé l'imagination de nombreux chercheurs et curieux tout au long de l'histoire.

Les rituels maçonniques sont des cérémonies symboliques marquées par des gestes rituels, des mots de passe et des symboles mystérieux. Ils se déroulent dans une atmosphère empreinte de solennité et de mystère, renforçant ainsi le sentiment d'appartenance à une communauté secrète et élitiste.

Chaque étape initiatique dans la franc-maçonnerie est accompagnée d'un rituel spécifique, où le candidat est amené à vivre une expérience symbolique et spirituelle profonde. Ces rituels sont conçus pour favoriser la transformation intérieure et le développement personnel.

L'un des rituels les plus importants est celui de l'initiation, où le nouveau membre est accueilli au sein de la loge maçonnique. Lors de cette cérémonie, le candidat est conduit à travers un labyrinthe symbolique représentant son parcours initiatique. Il est également invité à exprimer son engagement envers les valeurs maçonniques fondamentales telles que la tolérance, la fraternité et la justice.

Au-delà des rituels initiatiques, les loges maçonniques organisent aussi des cérémonies régulières appelées tenues. Ces réunions sont l'occasion pour les francs-maçons de se réunir, d'échanger et de travailler ensemble à la réalisation de leurs idéaux communs.

Pendant les tenues, des lectures symboliques sont effectuées, des enseignements sont transmis et des discussions sur des sujets philosophiques et moraux ont lieu. Les francs-maçons sont encouragés à réfléchir de manière critique et à cultiver leur propre sagesse intérieure.

Les symboles jouent un rôle central dans les rituels maçonniques. Ils sont utilisés pour transmettre des significations profondes et énigmatiques aux initiés. Chaque symbole a sa propre signification et peut-être interprété de différentes manières en fonction de l'expérience et de la compréhension de chacun.

Le tableau de loge, sur lequel sont disposés différents objets symboliques tels que la règle, le compas et l'équerre, représente l'ordre et l'harmonie universelle. Ces symboles rappellent aux francs-maçons l'importance de l'équilibre et de la mesure dans leur vie quotidienne.

Outre les rituels et les symboles, les loges maçonniques sont également des lieux où les membres peuvent se soutenir mutuellement dans leurs démarches personnelles et professionnelles. La fraternité qui les unit se manifeste par des échanges d'idées, des conseils et des opportunités de réseautage.

Dans une loge maçonnique, chacun a la possibilité d'exprimer ses talents et ses compétences dans un environnement bienveillant et respectueux. Les membres travaillent ensemble pour développer des projets philanthropiques, soutenir des causes humanitaires et promouvoir des idéaux éthiques et moraux dans la société.

Il convient de noter que les loges maçonniques n'ont pas de caractère religieux ou politique en tant que tel. Elles invitent leurs membres à cultiver leur propre spiritualité et à développer un sens de la fraternité universelle, indépendamment de leurs croyances religieuses ou politiques individuelles.

En conclusion, les loges maçonniques jouent un rôle essentiel au sein de la franc-maçonnerie en offrant un espace privilégié où les francs-maçons se retrouvent pour échanger librement et en toute fraternité. Ces lieux secrets sont le cœur vibrant de la franc-maçonnerie, où les membres se rassemblent pour donner vie à leurs idéaux communs.

La franc-maçonnerie continue d'exister et d'intriguer de nombreux chercheurs et curieux à travers les siècles. Les mystères des loges maçonniques ont survécu à l'épreuve du temps et continuent d'inspirer ceux qui sont en quête de connaissance, de développement personnel et de fraternité universelle.

Nous avons maintenant exploré les fonctions et les structures des loges maçonniques, ainsi que les rituels et les initiations qui y ont lieu. Dans les prochains chapitres, nous plongerons plus profondément dans les secrets de la franc-maçonnerie et explorerons d'autres aspects fascinants de cette société secrète. Restez donc à l'écoute pour en savoir plus sur les mystères de la franc-maçonnerie.

Chapitre 5 : Les personnalités francs-maçonnes célèbres

Découvrez les figures historiques influentes qui étaient également membres de la Franc-maçonnerie et explorez leur impact sur l'histoire et la société.

La Franc-maçonnerie a toujours joué un rôle mystérieux et fascinant dans l'histoire. Au fil des siècles, elle a accueilli parmi ses membres des personnalités éminentes issues de différents domaines tels que la politique, la science, la littérature et les arts. Dans cette première moitié du chapitre, nous vous présenterons quelques-unes de ces personnalités francs-maçonnes célèbres, qui ont marqué leur époque par leurs idées novatrices et leur contribution au progrès de la société.

Commençons par l'une des figures les plus éminentes de la Révolution française, le Marquis de Lafayette. Connue pour son rôle de commandant lors de la guerre d'indépendance américaine, Lafayette était également un franc-maçon dévoué. Son adhésion à la Franc-maçonnerie reflétait ses idéaux de liberté, d'égalité et de fraternité, principes qui sont devenus le socle de la Révolution française. Son engagement envers la cause maçonnique faisait écho à sa conviction profonde envers les valeurs humanistes et l'idéal démocratique.

De son côté, Benjamin Franklin, l'un des Pères fondateurs des États-Unis, était également membre de la franc-maçonnerie. Franklin a été initié dans une loge en France, où il a fait la connaissance de Lafayette, forgé des alliances diplomatiques et participé à des débats intellectuels. L'influence de la Franc-maçonnerie sur Franklin était telle qu'il a incorporé certains de ses symboles et idéaux dans l'élaboration des institutions américaines, notamment en défendant la séparation des pouvoirs et la liberté de la presse.

Au XIXe siècle, la Franc-maçonnerie était en plein essor en Europe et rassemblait des personnalités de renom. Victor Hugo, l'éminent écrivain français, est l'un de ces exemples. En tant que franc-maçon, Hugo s'est impliqué activement dans la politique et la défense des droits de l'homme. Son appartenance à la Franc-maçonnerie a renforcé son engagement envers la justice, la tolérance et la liberté d'expression, qui se reflètent dans ses œuvres immortelles comme "Les Misérables".

Passons maintenant à une personnalité qui a transcendé les domaines de la science et de la franc-maçonnerie : Isaac Newton. Considéré comme l'un des plus grands scientifiques de tous les temps, Newton était également un franc-maçon accompli. Ses travaux révolutionnaires sur la gravité, les mathématiques et l'optique ont jeté les bases de la physique moderne. Sa philosophie maçonnique l'a amené à rechercher la vérité et à questionner l'ordre établi, des principes qui ont alimenté sa quête scientifique.

Enfin, laissez-nous vous présenter José de San Martín, le héros de l'indépendance de l'Amérique du Sud. San Martín était un général et un homme politique argentin qui a joué un rôle crucial dans la libération des pays sud-américains du joug colonial espagnol. En tant que franc-maçon convaincu, San Martín a participé activement à la lutte pour l'indépendance et a utilisé les principes de la Franc-maçonnerie pour unir les peuples et construire une société plus juste et égalitaire.

Ces personnalités historiques nous rappellent que la Franc-maçonnerie a agi comme un levier pour le progrès et le

LES MYSTÈRES DE LA FRANC-MAÇONNERIE ENFIN DÉVOILÉS

changement social. En embrassant les idéaux de la fraternité, de la tolérance et de la connaissance, ces hommes ont laissé une empreinte indélébile dans l'histoire. Dans la deuxième partie de ce chapitre, nous explorerons plus en détail leur héritage et l'influence qu'ils ont exercée sur leurs sociétés respectives.dans la deuxième partie de ce chapitre, nous continuerons notre exploration des personnalités francs-maçonnes célèbres et de leur impact sur l'histoire et la société. Nous plongerons maintenant dans l'univers de la musique avec l'un des plus grands compositeurs de tous les temps : Wolfgang Amadeus Mozart.

Mozart est un exemple fascinant d'une personnalité franc-maçonne influente. Ses liens avec la Franc-maçonnerie ont été renforcés par le fait que son père, Leopold Mozart, était également membre de cette société secrète. En tant que maçon, Mozart était animé par les idéaux de liberté, de vérité et de fraternité, qui ont imprégné ses compositions musicales. Il a incorporé des symboles maçonniques dans certaines de ses œuvres les plus célèbres, telles que la Symphonie n° 39 en mi bémol majeur et l'opéra "Die Zauberflöte". Sa musique témoigne de son engagement envers les idéaux maçonniques et de son désir de diffuser des messages philosophiques et humanistes.

Un autre personnage marquant de la Franc-maçonnerie est le philosophe allemand Johann Wolfgang von Goethe. Goethe était non seulement un écrivain talentueux, mais aussi un maçon dévoué, qui a rejoint la société secrète en 1780. Il est rapidement devenu l'un des membres les plus éminents de la loge maçonnique de Weimar, où il a promu les idéaux de la libéralité, de la tolérance et de la recherche de la vérité. L'influence de la Franc-maçonnerie sur Goethe est évidente dans plusieurs de ses œuvres littéraires, notamment "Faust" et "Wilhelm Meisters Lehrjahre", où il explore les thèmes de l'initiation, de la quête de la sagesse et de la transformation personnelle.

Au XIXe siècle, la Franc-maçonnerie continuait d'attirer des personnalités de renom. Parmi elles, nous retrouvons le grand compositeur français Hector Berlioz. Berlioz a été initié à la loge maçonnique Les Arts Réunis à Paris, où il a trouvé une communauté d'artistes partageant les mêmes idéaux humanistes. Les principes de la Franc-maçonnerie ont façonné la créativité de Berlioz et l'ont inspiré dans ses compositions révolutionnaires, telles que la Symphonie fantastique et l'opéra "Les Troyens". Sa musique, empreinte d'émotions puissantes et d'un idéal de liberté artistique, a ouvert de nouvelles voies dans le domaine de la musique classique.

Enfin, nous ne pourrions pas terminer cette exploration des personnalités francs-maçonnes célèbres sans mentionner le grand écrivain et poète américain Mark Twain. Twain, dont le véritable nom était Samuel Langhorne Clemens, était un membre actif de la Franc-maçonnerie pendant une grande partie de sa vie. Son engagement envers cette société secrète était lié à son désir de promouvoir les valeurs de la fraternité et de l'égalité au sein de la société. La Franc-maçonnerie a influencé son œuvre littéraire, caractérisée par son humour irrévérencieux et sa critique sociale acérée. Des romans tels que "Les Aventures de Tom Sawyer" et "Les Aventures de Huckleberry Finn" sont empreints d'une vision humaniste et d'une volonté de remettre en question les préjugés et les injustices de l'époque.

Ces personnalités francs-maçonnes célèbres, issues de différents domaines artistiques et intellectuels, ont laissé une empreinte indélébile dans l'histoire. Leur engagement envers les idéaux de la Franc-maçonnerie, tels que la liberté, la fraternité et la quête de vérité, les a incités à repousser les limites de leur art, de leur pensée et de leur engagement social. Leur héritage continue d'inspirer de nombreuses générations, rappelant que la Franc-maçonnerie a joué un rôle important dans l'évolution de l'humanité.

Dans les prochains chapitres, nous explorerons d'autres aspects intrigants de la Franc-maçonnerie et révélerons les mystères qui entourent cette société secrète. Vous découvrirez les rituels, les symboles et les enseignements ésotériques qui ont captivé l'imagination des Francs-maçons à travers les siècles. Préparez-vous à plonger plus profondément dans les mystères de la Franc-maçonnerie et à découvrir les vérités dissimulées derrière ce voile fascinant.

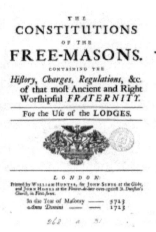

Chapitre 6 : La franc-maçonnerie et la politique

Examinez les liens complexes entre la Franc-maçonnerie et la sphère politique, révélant son influence dans les mouvements révolutionnaires et les gouvernements.

Depuis sa création, la Franc-maçonnerie a joué un rôle central dans les affaires politiques, suscitant à la fois fascination et inquiétude. Les francs-maçons ont souvent été perçus comme les architectes cachés des bouleversements politiques et des révolutions qui ont jalonné l'histoire. Cette perception est alimentée par les nombreux membres éminents de la Franc-maçonnerie qui ont occupé des postes clés au sein des gouvernements et ont contribué à façonner le paysage politique. Dans ce chapitre, nous explorerons l'interaction complexe et mystérieuse entre la Franc-maçonnerie et la politique.

Les origines de l'influence politique de la Franc-maçonnerie remontent aux Lumières, période où les idées de liberté, d'égalité et de fraternité ont germé. De nombreux philosophes et érudits qui ont jeté les bases de la Révolution française, tels que Voltaire et Jean-Jacques Rousseau, étaient francs-maçons. Ces hommes avaient recours aux rituels et aux enseignements maçonniques pour forger des idées susceptibles de renverser les systèmes politiques autoritaires de leur époque.

Au fil du temps, la Franc-maçonnerie est devenue un creuset d'idées révolutionnaires et un lieu de ralliement pour ceux en quête de changement social et politique. Les loges maçonniques sont devenues des espaces de débat et de stratégie, où des plans visant à renverser les gouvernements oppressifs ont été élaborés. La franc-maçonnerie a ainsi joué un rôle actif dans des révolutions emblématiques, telles que la Révolution américaine et la Révolution française.

Dans leur quête pour influencer les affaires politiques, les francs-maçons ont souvent utilisé des symboles et des codes secrets pour se reconnaître mutuellement et créer un sentiment d'appartenance exclusive. Ces symboles peuvent varier d'un pays à l'autre, mais ils sont toujours destinés à renforcer les liens entre les frères et à protéger leurs secrets. Ces mécanismes de reconnaissance ont également été utilisés dans la sphère politique, où les francs-maçons ont tissé des réseaux d'influence, facilitant ainsi leur ascension au pouvoir.

La relation entre la Franc-maçonnerie et la politique n'est pas sans controverse. Les critiques soutiennent que les francs-maçons ont des ambitions occultes et conspiratrices, utilisant leur influence politique pour avancer des agendas cachés. Ils arguent que les liens étroits entre la Franc-maçonnerie et les gouvernements compromettent la démocratie et sapent la confiance du public.

D'un autre côté, les défenseurs de la Franc-maçonnerie soulignent que la philosophie maçonnique repose sur des valeurs éthiques et morales, telles que la tolérance et la bienveillance envers autrui. Ils soulignent que les francs-maçons influencent la politique pour promouvoir le bien commun et l'intérêt général, plutôt que de poursuivre des objectifs égoïstes. Selon eux, les liens maçonniques dans la sphère politique sont une extension de l'engagement des francs-maçons envers l'amélioration de la société dans son ensemble.

Cette tension entre l'idéalisme maçonnique et les soupçons complotistes est une caractéristique majeure de la relation complexe entre la Franc-maçonnerie et la politique. Alors que certains y voient une volonté de contrôle secret, d'autres y voient une fraternité œuvrant pour le bien de tous.

Dans la deuxième moitié de ce chapitre, nous approfondirons les liens entre la Franc-maçonnerie et la politique, en explorant des exemples concrets de l'influence maçonnique dans les gouvernements et les mouvements révolutionnaires. Nous examinerons les rituels maçonniques et les symboles utilisés par les francs-maçons pour se reconnaître et forger des alliances politiques, ainsi que les controverses qui entourent cette relation.

Restez à l'écoute pour découvrir comment ces intrications entre la Franc-maçonnerie et la politique ont façonné le cours de l'histoire et continuent d'influencer notre société moderne.Dans la deuxième moitié de ce chapitre, nous allons approfondir les liens entre la Franc-maçonnerie et la politique en explorant des exemples concrets de l'influence maçonnique dans les gouvernements et les mouvements révolutionnaires. Nous examinerons les rituels maçonniques et les symboles utilisés par les francs-maçons pour se reconnaître et forger des alliances politiques, ainsi que les controverses qui entourent cette relation.

Les francs-maçons ont longtemps utilisé des rituels et des symboles pour renforcer leur identité et leur cohésion en tant qu'organisation secrète. Ces rituels, transmis de génération en génération, sont conçus pour inspirer un sentiment de mystère et de camaraderie parmi les membres. Les symboles maçonniques, tels que l'équerre, le compas et le tablier, sont utilisés pour représenter certains aspects de la philosophie maçonnique et sont souvent utilisés dans les loges maçonniques pour renforcer les liens entre les frères. Ces symboles ont également été utilisés dans la sphère politique pour identifier les francs-maçons et faciliter leur ascension au pouvoir.

Il est important de noter que tous les francs-maçons ne sont pas politiquement engagés et que la franc-maçonnerie elle-même n'a pas d'agenda politique officiel. Cependant, certains membres influents ont utilisé leur statut maçonnique pour promouvoir des idéaux politiques spécifiques. Un exemple célèbre est celui des Pères fondateurs des États-Unis, qui étaient en grande majorité des francs-maçons et ont utilisé les principes maçonniques de liberté et de justice pour établir la Constitution américaine.

Un autre exemple est celui de la Révolution française, où de nombreux leaders révolutionnaires étaient également des francs-maçons. Ils ont utilisé les idéaux maçonniques d'égalité et de fraternité pour inspirer le peuple français à se rebeller contre l'Ancien Régime.

Cependant, la participation des francs-maçons à la Révolution française a également été alimentée par des soupçons de complots et d'infiltrations maçonniques, ce qui a contribué à l'instabilité politique et à la méfiance envers la Franc-maçonnerie.

Au cours de l'histoire, de nombreux gouvernements ont été infiltrés par des membres de la Franc-maçonnerie, ce qui a renforcé les liens entre la politique et l'organisation. Ces connexions ont parfois été utilisées pour promouvoir des réformes sociales et politiques positives, mais elles ont également été critiquées pour leur manque de transparence et la possibilité de favoritisme.

La relation complexe entre la Franc-maçonnerie et la politique a également été alimentée par des controverses entourant l'influence maçonnique sur les décisions politiques et les nominations de haut niveau. Certains voient cela comme une tentative de contrôle secret de la politique, tandis que d'autres estiment qu'il s'agit d'une fraternité cherchant à promouvoir le bien commun.

Il est important de se rappeler que la Franc-maçonnerie est une organisation basée sur des valeurs éthiques et morales, et que ses membres cherchent généralement à influencer la politique pour le bien de la société dans son ensemble. Cependant, il est également essentiel de maintenir une vigilance critique et de s'assurer que la transparence et la démocratie sont préservées dans la sphère politique.

En conclusion, la Franc-maçonnerie et la politique entretiennent une relation complexe et souvent controversée. Depuis les Lumières jusqu'à nos jours, les francs-maçons ont joué un rôle central dans les mouvements révolutionnaires et ont occupé des postes clés au sein des gouvernements. Bien que la relation entre la Franc-maçonnerie et la politique soit entourée de mystère et de soupçons, il est important de considérer son impact sur l'histoire et la société moderne. Seuls en examinant de près ces relations, pourrons-nous comprendre pleinement leur influence sur notre monde.

Chapitre 7 : Les femmes dans la Franc-maçonnerie

Explorez l'inclusion des femmes au sein de la Franc-maçonnerie et discutez des loges mixtes ainsi que des ordres maçonniques exclusivement féminins.

La Franc-maçonnerie, cette institution riche en rituels et en hiérarchie, a longtemps été considérée comme une fraternité exclusive aux hommes. Cependant, au fil des années, l'inclusion des femmes au sein de la Franc-maçonnerie a suscité un vif débat et une évolution significative de la dynamique maçonnique traditionnelle.

Le rôle des femmes dans la Franc-maçonnerie a évolué progressivement à travers l'émergence de différentes formes de loges mixtes et d'ordres maçonniques exclusivement féminins. Les loges mixtes, comme leur nom l'indique, permettent à la fois aux hommes et aux femmes de rejoindre leurs rangs. Ces loges mixtes se sont développées en réponse à l'appel de certains maçons qui aspiraient à une plus grande égalité entre les sexes au sein de la Franc-maçonnerie.

Ces loges mixtes offrent un environnement où hommes et femmes partagent des rituels et des enseignements maçonniques, travaillant ensemble à la recherche de la vérité et à l'amélioration de soi. Ces loges permettent une nouvelle dynamique, où les femmes ont la possibilité de prendre des responsabilités, de participer activement aux travaux maçonniques et de contribuer à la vie de la loge à égalité avec leurs homologues masculins.

D'un autre côté, il existe également des ordres maçonniques exclusivement féminins. Ces ordres sont nés de la volonté de certaines femmes d'avoir leur propre espace maçonnique, où elles peuvent explorer et développer leur spiritualité, leurs connaissances ésotériques et leur engagement philanthropique. Ils offrent un espace unique où les femmes peuvent se soutenir mutuellement, se renforcer spirituellement et promouvoir leur vision particulière de la Franc-maçonnerie.

Les ordres maçonniques exclusivement féminins sont souvent associés à un fort engagement social et philanthropique. Ils mènent des projets et des initiatives humanitaires, accordant une importance particulière à l'autonomisation des femmes et à l'amélioration de leur statut dans la société. Ces ordres jouent donc un rôle crucial dans la promotion de l'égalité des sexes et de l'inclusion sociale.

Cependant, malgré ces avancées notables, l'inclusion des femmes dans la Franc-maçonnerie a également été confrontée à des défis et des controverses. Certains maçons traditionalistes ont remis en question l'ouverture de la Franc-maçonnerie aux femmes, arguant que cela altère les fondements initiaux de cette institution millénaire. La question de l'autonomie des ordres maçonniques exclusivement féminins a également généré des débats sur la reconnaissance de ces ordres et de leur légitimité au sein de la Franc-maçonnerie plus générale.

En conclusion provisoire, l'inclusion des femmes au sein de la Franc-maçonnerie a apporté une nouvelle dimension à cette institution séculaire. Les loges mixtes et les ordres maçonniques exclusivement féminins ont ouvert des portes jusqu'alors fermées, offrant aux femmes l'opportunité de s'engager pleinement dans la franc-maçonnerie et de contribuer à son évolution. Cependant, cette inclusion a également suscité des débats et des controverses, mettant en question les traditions et les normes établies.

La deuxième partie de ce chapitre vous révélera les défis spécifiques que les femmes rencontrent au sein de la Franc-maçonnerie, ainsi que les réalisations remarquables qu'elles ont accomplies en dépit de ces obstacles. Découvrez comment les femmes maçonnes continuent de repousser les limites et de façonner l'avenir de cette institution mystérieuse et fascinante.dans la seconde partie de ce chapitre, nous allons explorer les défis spécifiques auxquels les femmes sont confrontées au sein de la Franc-maçonnerie, ainsi que les réalisations remarquables qu'elles ont accomplies malgré ces obstacles. Les femmes maçonnes continuent de repousser les limites et de façonner l'avenir de cette institution mystérieuse et fascinante.

Bien que l'inclusion des femmes dans la Franc-maçonnerie ait progressé au fil des années, il est indéniable qu'elles font face à des défis uniques au sein de cette fraternité. L'une des difficultés réside dans la perception profondément enracinée selon laquelle la Franc-maçonnerie est exclusivement masculine. Certains maçons traditionalistes continuent de remettre en question l'ouverture de la Franc-maçonnerie aux femmes, arguant que cela altère les fondements initiaux de cette institution millénaire. Cette opposition conduit parfois à des tensions au sein des loges mixtes, où certains membres masculins peuvent avoir du mal à accepter pleinement la participation des femmes.

Par ailleurs, les femmes maçonnes doivent souvent faire face à des préjugés et à des stéréotypes. Certaines personnes peuvent considérer leur présence dans la Franc-maçonnerie comme une intrusion dans un espace traditionnellement masculin.

Ces attitudes peuvent se manifester sous la forme de discriminations subtiles, telles qu'un manque d'inclusion dans des postes à responsabilité ou une sous-estimation de leurs compétences et contributions.

Les femmes maçonnes doivent donc faire preuve de détermination et de résilience pour se faire reconnaître à leur juste valeur au sein de la Franc-maçonnerie.

Cependant, malgré ces obstacles, les femmes maçonnes ont accompli des réalisations remarquables au sein de la Franc-maçonnerie. Elles ont su trouver leur place au sein des loges mixtes et des ordres maçonniques exclusivement féminins, contribuant activement aux travaux maçonniques et à la vie de la loge. Leur présence a apporté une nouvelle perspective et une diversité d'idées, enrichissant ainsi les débats et les réflexions au sein de la Franc-maçonnerie.

De plus, les femmes maçonnes se sont également engagées dans des initiatives humanitaires et des projets philanthropiques, reflétant ainsi une préoccupation profonde pour l'amélioration de la société.

Leurs ordres maçonniques exclusivement féminins accordent une importance particulière à l'autonomisation des femmes et à la promotion de leur statut dans la société. Par le biais de ces initiatives, les femmes maçonnes cherchent à créer un monde plus égalitaire et inclusif.

Il convient également de souligner que les femmes maçonnes ont contribué à la préservation des valeurs et des rituels maçonniques.

Leur participation active a permis d'introduire de nouvelles idées et pratiques, adaptant ainsi la Franc-maçonnerie à l'évolution de la société moderne.

Les femmes maçonnes jouent donc un rôle essentiel dans la dynamique de cette institution séculaire, contribuant à son renouveau et à sa pérennité.

En conclusion, malgré les défis et les controverses auxquels elles sont confrontées, les femmes maçonnes continuent de faire progresser l'inclusion des femmes au sein de la Franc-maçonnerie. Leur engagement, leur détermination et leurs réalisations remarquables témoignent de leur volonté de repousser les limites et de façonner l'avenir de cette institution mystérieuse et fascinante. Les femmes maçonnes continuent de jouer un rôle crucial dans la promotion de l'égalité des sexes et de l'inclusion sociale au sein de la Franc-maçonnerie. Elles sont les pionnières d'un changement profond et progressif qui redéfinit les normes et les traditions de cette fraternité séculaire.

Chapitre 8 : Les controverses et les théories conspirationnistes

Démystifiez les controverses entourant la Franc-maçonnerie et démontez les théories conspirationnistes souvent associées à cette organisation secrète.

La Franc-maçonnerie, une institution séculaire et mystérieuse dont les origines remontent au Moyen Âge, a depuis longtemps suscité des controverses et alimenté des théories conspirationnistes. Considérée par certains comme une société secrète aux objectifs obscurs, la Franc-maçonnerie a toujours été entourée d'un voile de mystère, nourrissant ainsi l'imagination et les spéculations les plus fantasques. Dans ce chapitre, nous vous invitons à démystifier les controverses et à démêler le vrai du faux, afin de mieux comprendre cette organisation énigmatique.

La première controverse majeure à laquelle fait face la Franc-maçonnerie concerne sa nature même. Certains la considèrent comme une société secrète où des individus puissants se réunissent dans le but de manipuler les affaires du monde à leur avantage. Les partisans de cette théorie avancent que la Franc-maçonnerie agit dans l'ombre, influençant les gouvernements, les institutions financières et les décisions politiques. Cependant, il convient de souligner que la Franc-maçonnerie n'est pas une entité unifiée, mais plutôt une organisation composée de différentes loges indépendantes. Les objectifs et les actions varient donc d'une loge à l'autre, rendant difficile l'existence d'un contrôle global et d'une manipulation au niveau mondial.

Par ailleurs, une autre théorie conspirationniste couramment associée à la Franc-maçonnerie est celle de l'infiltration de cette organisation par des individus mal intentionnés et pervers. Certains affirment que des sociétés secrètes ou des groupes radicaux utilisent la Franc-maçonnerie comme un moyen de se regrouper et de comploter en toute discrétion. Bien que des cas isolés puissent exister, il est important de ne pas généraliser et de reconnaître que la grande majorité des francs-maçons adhèrent aux valeurs de fraternité, de tolérance et de bienveillance qui fondent cette institution.

La symbolique maçonnique est également souvent sujette à interprétation et source de controverses. Certains prétendent que les symboles utilisés par les francs-maçons, tels que le compas et l'équerre, cachent des significations ésotériques secrètes. Cependant, ces symboles sont avant tout des outils utilisés pour représenter des valeurs morales et spirituelles. Ils sont empreints d'une symbolique riche qui incite les francs-maçons à se questionner sur la vie, la morale et leur propre quête spirituelle. Il est essentiel de garder à l'esprit que la symbolique maçonnique est un langage ésotérique propre à cette organisation, et que son interprétation peut varier selon les loges et les individus qui la pratiquent.

Enfin, une des théories conspirationnistes les plus répandues à propos de la Franc-maçonnerie est celle de sa prétendue influence sur les événements historiques majeurs.

Certains affirment, par exemple, que la Révolution française a été orchestrée par des francs-maçons dans le but de renverser la monarchie et d'instaurer une nouvelle forme de gouvernement.

Si certains membres de la Franc-maçonnerie ont en effet été impliqués dans des événements historiques, il est important de rappeler que ces individus agissent en leur nom propre et ne représentent pas l'ensemble de cette organisation complexe. Assigner la responsabilité de tous les changements historiques à la Franc-maçonnerie relève donc d'une simplification excessive et d'une vue parcellaire des faits.

En somme, la Franc-maçonnerie est une institution riche de mystères et d'énigmes, mais il est essentiel de garder un esprit critique et d'éviter les théories conspirationnistes sans fondement.

À mesure que nous explorons les intrications de cette organisation séculaire, il est important de démystifier les controverses qui l'entourent, afin de mieux comprendre son rôle et sa place dans notre société.

LES MYSTÈRES DE LA FRANC-MAÇONNERIE ENFIN DÉVOILÉS

Ne vous laissez pas aveugler par les spéculations infondées, et osez découvrir les secrets bien gardés de la Franc-maçonnerie.

Le silence qui entoure la Franc-maçonnerie a alimenté les théories conspirationnistes et les spéculations les plus fantasques pendant des siècles.

Cependant, il est important de garder à l'esprit que ces théories sont souvent basées sur des malentendus, des généralisations et des interprétations erronées.

Dans cette seconde moitié du chapitre, nous allons continuer à explorer les principaux points de controverse entourant la Franc-maçonnerie et démystifier davantage les théories conspirationnistes qui lui sont associées.

L'une des théories conspirationnistes les plus répandues est celle de la prétendue suprématie des francs-maçons sur le monde des affaires et de la finance.

Certains croient que les francs-maçons sont les acteurs clés qui contrôlent les marchés financiers mondiaux et manipulent les économies nationales à leur avantage.

Cependant, il est important de noter qu'il n'y a aucune preuve concrète pour soutenir ces affirmations. La réussite financière ou professionnelle d'un franc-maçon est souvent attribuée à son propre mérite et à ses compétences individuelles plutôt qu'à son affiliation maçonnique.

La Franc-maçonnerie n'est pas un groupe secret d'élites économiques, mais plutôt une fraternité où des hommes d'horizons divers se réunissent dans un objectif commun de développement personnel et d'amélioration de soi.

Une autre théorie conspirationniste souvent attribuée à la Franc-maçonnerie est celle de sa prétendue implication dans des événements politiques majeurs et des complots gouvernementaux.

Certains prétendent que les francs-maçons manipulent les décisions politiques et contrôlent les gouvernements dans l'ombre.

Cependant, il est important de souligner que la Franc-maçonnerie n'est pas une entité politique et n'a aucun pouvoir officiel sur les institutions gouvernementales.

La participation de francs-maçons individuels à la politique peut exister, cependant, cela ne signifie pas que ces individus sont représentatifs de l'ensemble de la Franc-maçonnerie ni qu'ils agissent selon un programme politique maçonnique.

La Franc-maçonnerie encourage avant tout ses membres à être des citoyens actifs et éclairés, à promouvoir la fraternité et la justice dans la société, mais elle ne se positionne pas politiquement en tant qu'organisation.

Il convient également de mentionner la controverse entourant les initiations maçonniques.

Certains voient les rituels d'initiation comme sombres et secrets, alimentant ainsi l'imagination et les spéculations.

Cependant, les rituels maçonniques sont avant tout symboliques et sont conçus pour transmettre des valeurs morales et éthiques aux initiés.

Les cérémonies d'initiation maçonniques sont un moyen d'enseigner et de transmettre les connaissances et les idéaux de la Franc-maçonnerie.

Il est important de noter que ces rituels sont confidentiels et respectés au sein de la fraternité, non pas parce qu'ils cachent de sombres secrets, mais parce qu'ils ont une signification et une importance pour les membres initiés.

Enfin, il est essentiel de démystifier la perception souvent biaisée de l'influence des francs-maçons dans les médias et l'industrie du divertissement.

Certains croient que la Franc-maçonnerie contrôle les médias et utilise l'industrie du divertissement pour propager ses idéaux et sa philosophie. Cependant, il n'y a aucune preuve tangible pour soutenir cette théorie. Les rares cas de francs-maçons influents dans l'industrie du divertissement sont souvent surestimés et généralisés à tort. Il est important de dissocier l'affiliation maçonnique individuelle de

LES MYSTÈRES DE LA FRANC-MAÇONNERIE ENFIN DÉVOILÉS

l'influence globale de la Franc-maçonnerie dans les médias et l'industrie du divertissement.

En conclusion, il est crucial de garder un esprit critique et de ne pas tomber dans les pièges des théories conspirationnistes qui entourent la Franc-maçonnerie.

La plupart des controverses et des spéculations sont basées sur des généralisations, des interprétations erronées et des malentendus.

La Franc-maçonnerie est une fraternité séculaire fondée sur des valeurs de fraternité, de tolérance et de bienveillance. Elle offre à ses membres un lieu de réflexion, de développement personnel et de promotion d'un idéal de justice et de vertu.

Alors que nous continuons à explorer le monde fascinant de la Franc-maçonnerie, gardons à l'esprit l'importance de faire preuve de discernement et de ne pas se laisser entraîner par les théories conspirationnistes infondées.

Chapitre 9 : La philanthropie maçonnique

Explorez l'engagement philanthropique des francs-maçons à travers l'histoire, soulignant les œuvres de bienfaisance et les projets humanitaires auxquels ils ont contribué.

Depuis sa création, la franc-maçonnerie a été intimement liée à la philanthropie. Les francs-maçons ont toujours considéré l'amélioration du monde comme une partie essentielle de leur engagement envers la société. Cette volonté de contribuer au bien commun a inspiré des actions philanthropiques durables et significatives.

Au cours des siècles, les francs-maçons se sont impliqués dans différentes causes humanitaires et ont créé des institutions dédiées à l'aide aux plus démunis. Parmi leurs principales préoccupations philanthropiques, l'éducation, la santé et l'aide sociale ont toujours occupé une place de choix.

L'éducation a été une priorité pour les francs-maçons, convaincus de son pouvoir transformateur. À travers les siècles, des loges maçonniques ont créé des écoles, des bibliothèques et des bourses d'études pour permettre un meilleur accès à l'éducation. De nombreux francs-maçons éminents, tels que Voltaire et Montesquieu, ont également écrit et défendu des idées en faveur de l'éducation pour tous.

La santé a également été un domaine d'action important pour les francs-maçons. Ils ont fondé des hôpitaux, des cliniques et soutenu la recherche médicale.

Au XVIIIe siècle, la Grande Loge de Londres apporta son soutien à la construction d'hôpitaux pour les pauvres, démontrant ainsi leur engagement envers la santé des plus démunis. De nos jours, de nombreuses obédiences maçonniques financent des projets de recherche médicale, contribuant à l'avancement des soins et de la médecine.

En outre, les francs-maçons ont toujours été soucieux d'aider les plus vulnérables de la société. Ils ont créé des refuges pour les sans-abris, des foyers pour les personnes âgées et des orphelinats. Leur objectif était

LES MYSTÈRES DE LA FRANC-MAÇONNERIE ENFIN DÉVOILÉS

d'offrir un soutien matériel et émotionnel à ceux dans le besoin, cherchant à améliorer leur bien-être et leur dignité.

Au fil des ans, ces initiatives philanthropiques ont joué un rôle essentiel dans la promotion du progrès social. De nombreux francs-maçons ont souhaité agir de manière altruiste, inspirés par des idéaux universels tels que l'égalité, la fraternité et la justice. Leur engagement envers la philanthropie a permis de changer des vies, de réduire les inégalités et de créer des conditions de vie meilleures pour de nombreuses personnes.

Cependant, il est important de noter que la philanthropie maçonnique n'est pas seulement une réponse aux problèmes sociaux, mais également une composante intégrante de leur quête spirituelle.

Les francs-maçons considèrent la philanthropie comme une voie vers le perfectionnement moral et la réalisation de soi. En donnant, ils cherchent à cultiver des valeurs de générosité, d'empathie et de solidarité.

Dans la deuxième partie de ce chapitre, nous explorerons davantage les œuvres de bienfaisance et les projets humanitaires spécifiques auxquels les francs-maçons ont contribué au fil du temps. Nous découvrirons comment leur action philanthropique a évolué en fonction des besoins de chaque époque et comment elle continue de se développer aujourd'hui.

Vous êtes sur le point de plonger dans les fondements de la philanthropie maçonnique et d'explorer ses ramifications à travers l'histoire.

Restez à l'affût, la suite de ce chapitre vous dévoilera des projets méconnus et des actes de bienveillance surprenants réalisés par les francs-maçons.

Une fois de plus, ils ont prouvé leur engagement envers la fraternité universelle et la construction d'un monde meilleur.

Dans la deuxième partie de ce chapitre, nous continuerons à explorer le rôle de la philanthropie maçonnique à travers l'histoire et découvrirons certains des projets humanitaires et des œuvres de bienfaisance spécifiques auxquels les francs-maçons ont contribué.

L'une des causes qui a toujours été chère aux francs-maçons est celle de la lutte contre l'esclavage. Depuis les premiers jours de la franc-maçonnerie, de nombreuses loges maçonniques ont soutenu activement l'abolition de l'esclavage et ont œuvré pour la liberté et l'égalité de tous les individus.

Lors de la Révolution française, la Grande Loge de France a déclaré que l'esclavage était incompatible avec les principes maçonniques, contribuant ainsi à la prise de conscience et à la mobilisation contre ce fléau.

Des francs-maçons tels que le marquis de Lafayette et Toussaint Louverture ont joué un rôle essentiel dans la lutte pour l'abolition de l'esclavage, laissant ainsi un héritage durable d'humanité et de justice.

Un autre domaine dans lequel les francs-maçons ont été activement impliqués est celui des droits des femmes.

Alors que la société était encore largement patriarcale, de nombreuses loges maçonniques ont ouvert leurs portes aux femmes et ont soutenu leur émancipation.

Plus récemment, des loges mixtes et féminines ont vu le jour, offrant aux femmes la possibilité de devenir franc-maçonnes à part entière et de contribuer à la promotion de l'égalité des genres. Les francs-maçonnes ont également créé des associations et des initiatives visant à favoriser l'autonomisation des femmes et à lutter contre les discriminations auxquelles elles font face dans de nombreux domaines de la société.

Les francs-maçons ont également été des pionniers dans le domaine de la protection de l'environnement. Ils ont compris très tôt l'importance de préserver la nature et ont contribué à sensibiliser le public et à promouvoir des actions concrètes.

À travers leurs loges, ils ont lancé des initiatives de reboisement, de lutte contre la pollution et de préservation des ressources naturelles. Les francs-maçons ont également soutenu des projets de recherche et de conservation de la biodiversité, contribuant ainsi à la préservation de la vie sur notre planète.

En outre, les francs-maçons ont répondu aux besoins humanitaires en temps de crise.

Par exemple, lors de la Première Guerre mondiale, de nombreuses loges maçonniques ont apporté leur soutien aux soldats blessés et aux familles touchées par le conflit, en fournissant des soins médicaux, des vivres et un soutien financier.

De même, lors de catastrophes naturelles telles que des tremblements de terre ou des inondations, les francs-maçons ont rapidement réagi en apportant une aide d'urgence et une assistance aux victimes.

Enfin, les francs-maçons ont également contribué à la préservation du patrimoine culturel et artistique. Ils ont créé des fondations et des programmes de soutien pour la restauration de bâtiments historiques, la sauvegarde d'œuvres d'art et la promotion des arts et de la culture.

De nombreux musées et bibliothèques ont ainsi bénéficié de l'engagement philanthropique des francs-maçons, permettant ainsi à des générations futures de profiter de ce riche héritage.

Au fil des siècles, la philanthropie maçonnique a évolué et s'est adaptée pour répondre aux besoins et aux défis de chaque époque.

De nos jours, les francs-maçons continuent de soutenir une multitude de causes, allant de la lutte contre la pauvreté à la protection de l'environnement, en passant par l'éducation, la santé et les droits de l'homme. Leur engagement envers la fraternité universelle et la construction d'un monde meilleur reste inébranlable.

En conclusion, la philanthropie maçonnique a profondément marqué notre histoire et contribué de manière significative à l'amélioration de la société. Les francs-maçons ont toujours considéré la philanthropie comme une expression de leurs valeurs et de leur quête spirituelle. Leurs actions philanthropiques ont permis de changer des vies, de promouvoir l'égalité et la justice, et de construire un meilleur avenir pour tous. En explorant les œuvres de bienfaisance et les projets humanitaires des francs-maçons, nous découvrons une facette essentielle de leur engagement envers la fraternité universelle et la construction d'un monde plus juste et équitable.

Chapitre 10 : Les rituels maçonniques dans le monde contemporain

Les francs-maçons sont connus pour leur histoire riche et mystérieuse. Depuis des siècles, ces hommes et femmes se sont réunis dans des loges secrètes, pratiquant des rituels qui ont été transmis de génération en génération.

Au fil du temps, ces rituels ont évolué, s'adaptant aux changements sociaux, politiques et culturels.

Dans ce chapitre, nous allons analyser l'évolution des rituels et des pratiques maçonniques à travers le temps, afin de comprendre leur pertinence dans notre société contemporaine.

Pour comprendre les rituels maçonniques, il est important de remonter aux origines de la franc-maçonnerie.

Les premières traces de cette fraternité remontent au Moyen Âge, où les maçons étaient des artisans spécialisés dans la construction des cathédrales. Ils se regroupaient en guildes, où ils partageaient leurs connaissances et secrets dans des rituels. Au fil des siècles, ces guildes ont évolué pour former la franc-maçonnerie moderne que nous connaissons aujourd'hui.

Les rituels maçonniques sont souvent considérés comme un moyen d'enseigner des leçons morales et philosophiques. Ils sont basés sur des symboles et des allégories, qui permettent aux initiés de méditer sur des concepts tels que la fraternité, la liberté, l'égalité et la recherche de la vérité. Ces rituels impliquent des gestes, des mots et des objets symboliques, créant ainsi une expérience immersive pour les participants.

Au fur et à mesure que la société évoluait, les rituels maçonniques se sont adaptés pour rester pertinents.

Au cours des siècles, les francs-maçons ont introduit de nouvelles pratiques et de nouveaux rituels, tout en conservant les éléments essentiels de leur héritage. Par exemple, les rituels de reconnaissance et d'intégration ont progressivement été modifiés pour refléter les valeurs et les idéaux de l'époque.

Dans la société contemporaine, certains remettent en question la pertinence des rituels maçonniques. Ils les considèrent comme dépassés, obsolètes, voire complètement déconnectés de la réalité.

Cependant, il est essentiel de reconnaître que ces rituels ont survécu pendant des siècles, témoignant de leur capacité à maintenir une signification et une valeur pour ceux qui les pratiquent.

Leur pertinence réside peut-être dans le fait qu'ils offrent un espace de réflexion et de recueillement dans un monde souvent chaotique et bruyant.

Les rituels maçonniques permettent aux membres de se connecter avec une tradition ancienne, de relier les générations passées et futures. Ils offrent également une occasion unique d'établir des liens avec des personnes partageant les mêmes idéaux, de nouer des amitiés durables et de contribuer à des projets bénévoles et philanthropiques.

La franc-maçonnerie a toujours été réputée pour sa discrétion et son secret.

Les rituels maçonniques sont célébrés exclusivement dans les loges, à huis clos, où les initiés peuvent se sentir en sécurité pour explorer des concepts complexes et des questionnements existentiels. Cette intimité et cette exclusivité ajoutent à l'attrait de la franc-maçonnerie pour de nombreux initiés.

De nos jours, les rituels maçonniques continuent donc d'occuper une place importante dans la société contemporaine. Ils restent une voie de recherche intérieure, une quête de connaissances et de vérité.

Néanmoins, comme pour toute tradition, il est essentiel de s'adapter aux temps modernes, de rester ouvert au changement et de remettre en question les notions obsolètes.

Dans la deuxième partie de ce chapitre, nous explorerons comment les rituels maçonniques ont évolué pour s'adapter à notre époque, ainsi que les perspectives actuelles sur leur signification et leur avenir. Mais

LES MYSTÈRES DE LA FRANC-MAÇONNERIE ENFIN DÉVOILÉS

pour l'instant, arrêtons-nous ici, laissant une porte ouverte sur les découvertes passionnantes qui se profilent à l'horizon.

Les rituels maçonniques, ancrés dans une longue tradition, continuent de susciter fascination et intérêt dans la société contemporaine.

Dans cette deuxième partie du chapitre, nous allons explorer comment ces rituels ont évolué pour s'adapter à notre époque et examiner les perspectives actuelles sur leur signification et leur avenir.

Au fil des siècles, la franc-maçonnerie a traversé de nombreux bouleversements politiques, sociaux et culturels, ce qui a influencé les rituels pratiqués au sein des loges.

Par exemple, au cours des périodes de révolution et de changement, des rituels spécifiques ont été développés pour incarner les idéaux de liberté, d'égalité et de fraternité, qui étaient au cœur de ces mouvements. De même, lors des périodes de crise ou de conflit, des rituels de solidarité et d'entraide étaient renforcés pour soutenir les membres de la fraternité maçonnique.

Aujourd'hui, les rituels maçonniques ont subi des adaptations pour refléter les défis de notre époque. Par exemple, de plus en plus de francs-maçons reconnaissent l'importance de l'inclusivité et de la diversité au sein de leurs loges. Les rituels ont donc été modifiés pour se débarrasser de certaines connotations exclusives et sexistes, afin de créer un espace plus ouvert et accueillant pour les femmes et les membres de différentes origines ethniques et sociales.

De même, les rituels maçonniques ont également évolué pour intégrer les nouvelles technologies. Alors que les francs-maçons utilisaient traditionnellement des outils symboliques tels que le compas et l'équerre, de plus en plus de loges intègrent des supports numériques et des présentations multimédias dans leurs rituels. Cela permet d'offrir une expérience plus immersive et de se connecter davantage avec les générations plus jeunes qui sont familières avec ces technologies.

Cependant, malgré ces évolutions, les rituels maçonniques conservent toujours leur nature secrète et ésotérique. L'aspect réservé aux initiés et la pratique des rituels dans l'intimité des loges ajoutent au mystère et à l'attrait de la franc-maçonnerie. Cela permet aux francs-maçons de se sentir en sécurité pour explorer des concepts complexes et des réflexions intérieures.

La signification des rituels maçonniques dans la société contemporaine varie d'un individu à l'autre. Pour certains, ils sont considérés comme de précieux outils pour la recherche de la connaissance et de la vérité, ainsi que pour le développement spirituel. Pour d'autres, ils sont perçus comme des traditions obsolètes ou comme des reliques d'un passé révolu.

Cependant, il est important de noter que la pertinence des rituels maçonniques ne réside pas seulement dans leur contenu, mais également dans la communauté et les liens sociaux qu'ils favorisent. Les loges maçonniques offrent une occasion unique de rencontrer des personnes partageant les mêmes idéaux et de former des amitiés durables.

Elles servent également de plateforme pour des projets bénévoles et philanthropiques, permettant aux francs-maçons de contribuer activement et positivement à la société.

La question de l'avenir des rituels maçonniques reste ouverte. Alors que la société continue d'évoluer rapidement, la franc-maçonnerie devra s'adapter pour rester pertinente.

Cela peut impliquer la création de nouveaux rituels qui répondent aux défis et aux aspirations de notre époque. De plus, la transparence et la communication ouverte pourraient également jouer un rôle important afin de préserver la confiance du public et de démystifier certains aspects de la franc-maçonnerie.

En conclusion, les rituels maçonniques continuent d'occuper une place importante dans la société contemporaine. Leur évolution et leur adaptation témoignent de leur capacité à rester pertinents et à répondre aux besoins et aux aspirations changeants des francs-maçons.

Qu'ils soient perçus comme des traditions profondément significatives, des vestiges du passé ou même des énigmes à résoudre, les rituels maçonniques continuent de fasciner et d'intriguer, invitant leur public à plonger dans les mystères de la franc-maçonnerie.

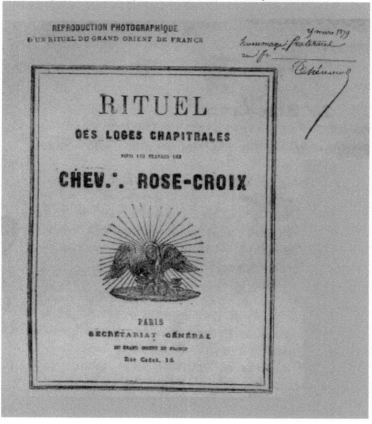

Chapitre 11 : La Franc-maçonnerie et la spiritualité

Explorez les liens entre la Franc-maçonnerie et la spiritualité, en examinant les influences religieuses et philosophiques qui ont nourri cette pratique.

La Franc-maçonnerie, une institution séculaire enveloppée de mystère, a depuis longtemps suscité l'intérêt et l'intrigue. Bien qu'elle soit souvent associée à la construction et aux métiers de la pierre, la Franc-maçonnerie transcende les limites matérielles pour s'élever vers une dimension spirituelle profonde.

Pour comprendre la relation entre la Franc-maçonnerie et la spiritualité, il est essentiel de plonger dans les influences religieuses qui ont façonné cette pratique. La Franc-maçonnerie tire ses racines de traditions anciennes, mirant ainsi l'architecture symbolique des temples des anciens Égyptiens et des bâtisseurs médiévaux.

Les enseignements maçonniques sont empreints de symbolisme qui reflète les valeurs spirituelles universelles. Les symboles tels que l'équerre, le compas et le niveau représentent l'équilibre, la justice et l'harmonie, respectivement. Ils sont autant d'invitations à atteindre l'épanouissement spirituel.

Au fil des siècles, la Franc-maçonnerie a été influencée par différentes traditions religieuses et philosophiques. Parmi elles, l'hermétisme, une école de pensée ancienne, a profondément marqué les enseignements maçonniques. L'hermétisme propose une approche ésotérique de la spiritualité, recherchant la compréhension des mystères cachés de l'univers et la connexion avec le divin.

La Franc-maçonnerie a également été influencée par des courants ésotériques et occultes, tels que la Kabbale et l'alchimie. La Kabbale, une tradition mystique du judaïsme, explore les concepts de l'unicité divine et de la connaissance transcendantale. L'alchimie, quant à elle, cherche la purification de l'âme à travers la transformation des métaux, symbolisant ainsi la quête spirituelle.

En empruntant des éléments à ces traditions, la Franc-maçonnerie offre à ses membres un cheminement spirituel unique et individualisé. Elle encourage la recherche de la vérité et de l'illumination personnelle, tout en respectant la diversité des croyances et des pratiques.

La spiritualité maçonnique est également amplifiée par les rituels et les cérémonies qui rythment la vie des francs-maçons. Ces rituels symboliques servent à rappeler aux membres les valeurs maçonniques fondamentales et à les guider sur le chemin de la connaissance de soi. Ils sont une invitation à explorer les dimensions spirituelles de l'existence et à travailler constamment à l'amélioration de soi.

Il convient de noter que la Franc-maçonnerie ne se substitue pas aux religions établies. Elle se positionne plutôt comme un complément, en invitant ses membres à explorer et à approfondir leur propre spiritualité tout en respectant les croyances des autres.

En conclusion provisoire, nous avons effleuré les influences religieuses et philosophiques qui ont nourri la spiritualité au sein de la Franc-maçonnerie. L'adoption de symboles universels, la fusion d'enseignements ésotériques et l'exploration de rituels riches en symbolisme sont autant d'éléments qui ont permis à la Franc-maçonnerie de devenir une voie d'exploration spirituelle unique.

Dans la seconde partie de ce chapitre, nous plongerons plus en profondeur dans les pratiques maçonniques et leurs implications spirituelles. Mais pour l'instant, arrêtons-nous ici et laissons le lecteur avec cette question en suspens : comment la Franc-maçonnerie a-t-elle évolué pour devenir une voie spirituelle à part entière ? À vous de le découvrir dans la suite de ce chapitre, qui promet d'être captivant.Dans la seconde partie de ce chapitre, nous nous plongerons plus en profondeur dans les pratiques maçonniques et leurs implications spirituelles. Nous continuerons notre exploration des liens entre la Franc-maçonnerie et la spiritualité en examinant certains rituels spécifiques qui jouent un rôle central dans la vie des francs-maçons.

Les rituels maçonniques, qui sont empreints de symbolisme et de mystère, sont conçus pour inculquer des valeurs et des enseignements profonds aux membres de la Fraternité. Ils représentent un parcours initiatique où chaque étape est destinée à conduire à une compréhension plus profonde de soi-même et du monde qui nous entoure.

L'un des rituels les plus importants de la Franc-maçonnerie est celui de l'initiation, lors duquel un candidat traverse différentes épreuves symboliques et solennelles. Ces épreuves mettent en évidence des concepts tels que la mort symbolique de l'ancien soi et la renaissance en tant que nouvel individu initié. Ce rituel permet au franc-maçon de commencer son cheminement spirituel au sein de la Fraternité.

Un autre rituel significatif est celui de l'élévation au grade de Compagnon. Ce rituel est centré sur le symbolisme de la construction et de l'édification, représentant ainsi la quête de la connaissance et de la sagesse. Il souligne l'importance de l'apprentissage continu et de l'amélioration de soi dans la voie maçonnique.

La cérémonie de l'élévation au grade de Maître Maçon représente un autre moment clé dans la vie d'un franc-maçon. Ce rituel explore des thèmes tels que la lumière et les ténèbres, symbolisant la recherche de la vérité et de la connaissance. Il invite le franc-maçon à élargir ses horizons intellectuels et spirituels, tout en lui rappelant l'importance de partager ces connaissances avec les autres.

Outre ces rituels initiatiques, les francs-maçons participent également à des cérémonies régulières, telles que les tenues et les travaux en loge. Ces moments de rassemblement offrent aux membres l'opportunité de se connecter avec leurs frères maçons et de partager des réflexions spirituelles. Les loges maçonniques sont des lieux où règnent la fraternité, l'harmonie et le partage d'idées, favorisant ainsi la croissance personnelle et spirituelle.

LES MYSTÈRES DE LA FRANC-MAÇONNERIE ENFIN DÉVOILÉS

Il est important de noter que la Franc-maçonnerie ne prescrit pas une doctrine religieuse spécifique à ses membres. Le cheminement spirituel au sein de la Fraternité est une expérience personnelle et individualisée. Les francs-maçons sont encouragés à cultiver leurs propres croyances et à explorer leur spiritualité d'une manière qui leur est propre.

La spiritualité maçonnique est également nourrie par des principes fondamentaux tels que la tolérance, la bienveillance et le respect mutuel. Ces valeurs sont profondément ancrées dans la pratique maçonnique et guident les francs-maçons dans leur relation avec eux-mêmes et avec les autres. La Fraternité maçonnique offre ainsi un espace où les membres peuvent s'épanouir spirituellement tout en développant des liens fraternels solides.

En conclusion, la deuxième partie de ce chapitre a exploré certains des rituels et des cérémonies qui nourrissent la dimension spirituelle de la Franc-maçonnerie. Ces pratiques ont pour objectif d'inculquer des valeurs profondes et de guider les francs-maçons dans leur cheminement spirituel individuel. La Fraternité maçonnique offre à ses membres un cadre unique où la quête de la vérité et de la sagesse se conjugue avec le respect de la diversité des croyances et des pratiques. C'est cette combinaison qui fait de la Franc-maçonnerie une voie spirituelle à part entière et captivante.

Il est temps désormais de laisser nos lecteurs méditer sur ces enseignements et d'encourager leur propre exploration spirituelle. Dans les prochains chapitres, nous découvrirons d'autres aspects fascinants de la Franc-maçonnerie, approfondissant notre compréhension de cette institution séculaire et mystérieuse.

Restez à l'écoute pour en apprendre davantage sur les symboles et les rituels qui imprègnent la vie des francs-maçons, ainsi que sur leur engagement envers la société et le monde qui les entoure.

La Franc-maçonnerie continue de nous révéler ses mystères et ses richesses, nous invitant à explorer et à grandir spirituellement.

À vous de poursuivre ce voyage passionnant dans les pages à venir.

Chapitre 12 : Être franc-maçon à l'ère moderne

Découvrez ce que signifie être franc-maçon de nos jours et comment cette organisation continue d'influencer ses membres et la société en général.

La franc-maçonnerie, une institution entourée de mystère et de spéculations depuis ses débuts, reste un sujet d'intérêt et de fascination pour de nombreux individus. Mais qu'est-ce que cela signifie vraiment d'être franc-maçon à l'ère moderne ? Comment cette société se maintient-elle et continue-t-elle d'exercer une influence sur ses membres et sur la société en général ?

La franc-maçonnerie est une fraternité qui repose sur des principes et des valeurs fondamentales. Elle prône la tolérance, la justice, la liberté et la fraternité, tout en encourageant ses membres à s'élever spirituellement et intellectuellement. Ses origines remontent à des siècles, et bien que la franc-maçonnerie ait subi des évolutions au fil du temps, ses objectifs fondamentaux sont restés inchangés.

De nos jours, être franc-maçon implique avant tout d'adhérer à un ensemble de principes moraux et éthiques. Les francs-maçons se reconnaissent mutuellement à travers des signes, des symboles et des rituels, créant ainsi une communauté à la fois secrète et soudée. Ces rituels, souvent inspirés de traditions anciennes, permettent aux francs-maçons de s'engager dans une quête spirituelle et de se connecter aux valeurs universelles.

La franc-maçonnerie moderne propose également à ses membres des outils pour les aider à se développer personnellement et professionnellement. Des loges maçonniques sont présentes dans de nombreux pays à travers le monde, offrant ainsi aux membres un réseau solide et des opportunités de rencontres et d'échanges. Les francs-maçons peuvent bénéficier d'un soutien mutuel et d'un partage de connaissances, ce qui contribue à leur épanouissement individuel.

LES MYSTÈRES DE LA FRANC-MAÇONNERIE ENFIN DÉVOILÉS

Mais, au-delà de la dimension personnelle, la franc-maçonnerie exerce une influence sur la société en général. Les francs-maçons sont souvent impliqués dans des œuvres de bienfaisance, soutenant des causes sociales et philanthropiques. Ils œuvrent pour promouvoir des valeurs telles que l'égalité, la justice et la tolérance, contribuant ainsi à façonner un monde meilleur.

Cependant, l'influence de la franc-maçonnerie sur la société reste souvent méconnue du grand public. Les francs-maçons travaillent souvent discrètement, en coulisses, sans chercher la reconnaissance ou la notoriété. Leur impact peut se manifester dans des domaines aussi variés que la politique, les arts, les sciences ou encore l'économie. Leurs actions peuvent parfois être source de spéculations et de théories du complot, alimentant ainsi les mystères qui entourent cette organisation séculaire.

Alors que nous explorons ce que signifie être franc-maçon de nos jours, il est important de garder à l'esprit la diversité et la complexité de cette fraternité. Les expériences et les motivations des francs-maçons peuvent varier d'un individu à l'autre, et il n'y a pas une seule vérité universelle pour définir ce que cela implique d'être franc-maçon. C'est cette diversité qui rend la franc-maçonnerie si intéressante et qui continue d'attirer de nouveaux membres.

Dans la deuxième moitié de ce chapitre, nous explorerons plus en détail la manière dont la franc-maçonnerie influence ses membres et la société, en examinant des exemples concrets et en abordant les critiques et les controverses qui l'entourent. Mais pour l'instant, laissons le mystère planer, en attendant avec anticipation la suite de ce récit captivant.

Dans la deuxième moitié de ce chapitre, approfondissons l'influence de la franc-maçonnerie sur ses membres et la société en examinant des exemples concrets, ainsi que les critiques et les controverses qui l'entourent.

La franc-maçonnerie fonctionne comme une fraternité qui offre à ses membres un réseau solide et des opportunités de rencontres et d'échanges, favorisant ainsi leur développement personnel et professionnel. Au sein des loges maçonniques, les francs-maçons peuvent bénéficier du soutien mutuel et du partage de connaissances qui contribuent à leur épanouissement individuel. Ils sont encouragés à s'élever spirituellement et intellectuellement, à développer leurs compétences de leadership et à être impliqués dans des projets philanthropiques.

En outre, la franc-maçonnerie joue un rôle important dans la promotion de valeurs telles que l'égalité, la justice et la tolérance, non seulement parmi ses membres, mais aussi dans la société en général. Les francs-maçons sont souvent impliqués dans des œuvres de bienfaisance, soutenant des causes sociales et philanthropiques, et œuvrant pour le bien-être de la collectivité. Nombreuses sont les organisations maçonniques qui mettent en place des initiatives visant à lutter contre les inégalités et à promouvoir la justice sociale.

Cependant, toute organisation aussi ancienne et entourée de mystères que la franc-maçonnerie ne peut échapper aux critiques et aux controverses.

Certains affirment que ses rituels et ses cérémonies restent hermétiques et dépassés, qu'ils ne correspondent plus aux réalités de l'ère moderne.

D'autres critiquent le caractère secret de la franc-maçonnerie, y voyant une opacité qui favorise le favoritisme et les inégalités. Il est également important de noter que la présence de personnalités influentes dans la franc-maçonnerie a parfois alimenté des théories du complot et des spéculations.

La franc-maçonnerie a toujours suscité l'intérêt et la fascination du grand public, et pour cause, ses membres jouaient souvent un rôle discret, mais significatif dans certains événements historiques.

Toutefois, il est également essentiel de rappeler que la franc-maçonnerie est une communauté diverse où les expériences et les motivations des membres peuvent varier considérablement.

LES MYSTÈRES DE LA FRANC-MAÇONNERIE ENFIN DÉVOILÉS

Il n'existe pas une seule vérité universelle pour définir ce que cela signifie d'être franc-maçon à l'ère moderne.

Alors que nous plongeons plus profondément dans cette fraternité, il est intéressant de se pencher sur les récits individuels de francs-maçons du monde entier, pour comprendre leur engagement, leur parcours et leur contribution à la société.

Ces histoires personnelles éclairent les multiples facettes de la franc-maçonnerie et permettent de mieux apprécier son rôle dans la société contemporaine.

En conclusion, la franc-maçonnerie à l'ère moderne est une fraternité qui continue d'influencer ses membres et la société en général.

Elle offre un cadre dans lequel les membres peuvent développer leurs compétences, s'élever spirituellement et contribuer au bien-être de la collectivité.

Bien que souvent entourée de mystères et de spéculations, la franc-maçonnerie incarne des valeurs telles que la tolérance, la justice et la fraternité. C'est cette diversité d'expériences et de motivations qui rend cette organisation séculaire si captivante et qui suscite toujours de nouveaux membres en quête de sens et d'appartenance.

Ainsi, nous avons effleuré la surface des mystères de la franc-maçonnerie à l'ère moderne.

Dans cette quête continue de compréhension, il est crucial de garder à l'esprit que l'enquête ne s'achève jamais réellement. Il reste encore beaucoup à explorer et à découvrir sur cette organisation fascinante et sur les hommes et les femmes qui choisissent de lui appartenir.

Le mystère persiste, laissant entrevoir un univers de connaissances et de réflexions profondes. Maintenant, à vous de poursuivre cette exploration captivante, de découvrir les mystères intimes et les récits personnels qui résident dans les murs de la franc-maçonnerie.

Lexique des symboles

Voici un lexique de certains symboles maçonniques et leur signification. Ces symboles sont souvent interprétés de diverse façon selon les rites et les traditions, mais voici quelques interprétations générales :

Équerre et Compas : Ils représentent l'harmonie entre la matière (l'équerre, symbole de droiture) et l'esprit (le compas, qui rappelle la sagesse divine). Ensemble, ils symbolisent l'équilibre et la recherche de vérité.

Tablier : Ce vêtement symbolise la pureté, la protection et le travail. Il est le signe de l'humilité du maçon et de son engagement au travail spirituel.

Pierre Brute et Pierre Cubique : La pierre brute symbolise l'initié au début de son chemin, un être imparfait qui cherche à s'améliorer. La pierre cubique représente l'aboutissement de ce travail de perfectionnement.

Colonnes B et J (Boaz et Jakin) : Placées à l'entrée du Temple, elles symbolisent la dualité et l'équilibre des opposés (force et stabilité, masculin et féminin). Ces colonnes proviennent du Temple de Salomon.

Temple : Représente le Temple intérieur que chaque maçon doit bâtir en lui-même. C'est un symbole de construction spirituelle.

G : Cette lettre est souvent interprétée comme représentant à la fois « Géométrie », une science fondamentale pour la construction, et « Dieu » (Dieu en anglais), signifiant la présence du Grand Architecte de l'Univers.

Compagnon : Le niveau de compagnon est symbolisé par le chiffre 5, les cinq sens, et par le voyage, qui évoque la quête de connaissance et l'acquisition de compétences pratiques.

Triangle : Le triangle équilatéral est un symbole d'harmonie et de perfection. Il représente aussi la Trinité dans différentes traditions spirituelles (corps, âme, esprit ; pensée, parole, action, etc.).

Cercle : Un cercle, souvent délimité par le compas, symbolise la perfection et l'infini. Dans la franc-maçonnerie, il représente les limites de la connaissance humaine.

Acacia : L'acacia est un symbole d'immortalité, de résurrection et de purification. Il est souvent associé à l'esprit de renaissance après la mort.

Marteau et Ciseau : Ces outils symbolisent le travail de l'esprit et la discipline nécessaire pour se perfectionner. Ils représentent l'effort individuel pour transformer la "pierre brute" en "pierre cubique".

Flamboyant : Ce symbole, une étoile à cinq branches, est souvent associé à la lumière, à la sagesse et à la connaissance, signifiant la quête de l'illumination spirituelle.

Niveau : Le niveau représente l'égalité, l'équité et la fraternité. C'est un rappel que tous les hommes sont égaux dans leur essence.

Fil à Plomb : Outil de mesure de verticalité et de rectitude, il symbolise la vérité et l'intégrité, indiquant la nécessité de se maintenir droit et juste dans la vie.

Pavé Mosaïque : Le pavé composé de cases noires et blanches symbolise la dualité (bien et mal, lumière et obscurité) et rappelle au maçon l'existence des opposés qui composent la réalité.

Ces symboles offrent à chacun un moyen de réflexion et d'exploration spirituelle pour les membres de la franc-maçonnerie, favorisant la quête personnelle vers l'amélioration intérieure et l'illumination.

Lexique des termes

Voici un lexique des termes fréquemment utilisés en franc-maçonnerie et leur signification :

1. **Apprenti** : Premier degré de la franc-maçonnerie, représentant le début du chemin initiatique. L'apprenti est en phase de découverte et de travail sur lui-même.
2. **Compagnon** : Deuxième degré de la franc-maçonnerie, symbolisant l'acquisition de savoir-faire et la progression dans la compréhension des mystères maçonniques.
3. **Maître** : Troisième degré, représentant l'achèvement d'une première étape dans la quête spirituelle. Le maître est celui qui a atteint une certaine sagesse et comprend les principes les plus profonds de l'initiation.
4. **Loge** : Lieu de réunion des francs-maçons, mais aussi terme pour désigner l'ensemble des membres qui se réunissent dans un même atelier.
5. **Temple** : Espace sacré où se déroulent les réunions maçonniques. Il symbolise le Temple de Salomon et représente un lieu de travail spirituel.
6. **Rite** : Ensemble de cérémonies et de rituels pratiqués dans une obédience maçonnique. Les rites les plus connus sont le Rite Écossais Ancien et Accepté, le Rite Français et le Rite Émulation.
7. **Obédience** : Organisation maçonnique fédérant plusieurs loges. Chaque obéissance peut avoir ses propres règles et rituels. En France, le Grand Orient de France et la Grande Loge de France sont des obédiences majeures.
8. **Planche** : Discours ou texte écrit préparé et présenté par un maçon au cours d'une réunion. La planche traite souvent de thèmes philosophiques, symboliques ou éthiques.

9. **Atelier** : Synonyme de loge, un atelier est le lieu où les maçons se réunissent pour travailler ensemble.
10. **Frère / Sœur** : Terme utilisé pour désigner les membres de la franc-maçonnerie, marquant le lien fraternel qui unit les maçons.
11. **Colonne** : Dans une loge, les colonnes représentent le lieu où se trouvent les apprentis et les compagnons. La colonne du Nord est souvent dédiée aux apprentis, celle du Sud aux compagnons.
12. **Orateur** : Officier de la loge chargé de garantir le respect des règles et de l'éthique au cours des réunions. Il veille au bon déroulement des rituels.
13. **Vénérable Maître** : Président de la loge, responsable de diriger les travaux et de maintenir l'ordre au sein de la loge.
14. **Grands Travaux** : Ensemble de projets ou d'œuvres menés par une loge ou une obédience, souvent de nature philanthropique, éducative ou spirituelle.
15. **Cahier de Rite** : Livre contenant les rituels et cérémonies propres à un rite particulier. Il guide le déroulement des initiations et des cérémonies dans le respect des traditions du rite.
16. **Tuilage** : Vérification de l'identité maçonnique d'un visiteur, pour s'assurer qu'il est bien initié et qu'il appartient à l'obédience de la loge.
17. **Équerre** : Symbole de droiture et de moralité, l'équerre rappelle l'importance de mener une vie droite et juste.
18. **Grande Lumière** : Terme symbolisant la connaissance et la sagesse que chaque maçon cherche à développer au cours de sa vie initiatique.
19. **Banquet** : Repas symbolique organisé entre frères et sœurs après les travaux de la loge. C'est un moment de convivialité et de partage.
20. **Chaine d'Union** : Rite de fin de cérémonie où les maçons se

respectent par les mains pour symboliser l'unité et la fraternité qui les lient.
21. **Passage sous le Bandeau** : Cérémonie préalable à l'initiation, où le futur initié passe un entretien avec les membres de la loge pour valider sa motivation et sa préparation.
22. **Profane** : Terme désignant une personne qui n'a pas été initiée à la franc-maçonnerie.
23. **Travaux** : Activités de réflexion, de discussion et de partage d'idées lors des réunions en loge. Les travaux sont souvent orientés vers la recherche de la connaissance et de la sagesse.
24. **Tableau de Loge** : Représentation symbolique au centre de la loge, indiquant les éléments nécessaires aux travaux maçonniques. Il varie selon le degré et le rite pratiqué.
25. **Grand Architecte de l'Univers (GADLU)** : Terme utilisé pour désigner un principe créateur ou spirituel suprême, qui transcende les religions et symbolise la quête spirituelle universelle des maçons.

Liste des principaux rites

Voici une liste des principaux rites dits "réguliers" en franc-maçonnerie, avec une description de chacun :

1. **Rite Écossais Ancien et Accepté (REAA)**
   Ce rite est l'un des plus répandus au monde et compte 33 degrés symboliques et philosophiques, commençant par l'apprenti et s'achevant au 33e degré, réservé aux hauts grades. Le REAA met l'accent sur les valeurs morales universelles, la tolérance et la recherche de la vérité. Les loges qui pratiquent ce rite suivent une symbolique chrétienne et kabbalistique, avec un accent sur l'introspection et le perfectionnement individuel.

2. **Rite Français**
   Créé en France au XVIIIe siècle, le Rite Français est constitué de trois degrés principaux (apprenti, compagnon, maître) et peut s'étendre à des hauts grades. Il valorise la simplicité et l'humanisme, avec un fort attachement aux valeurs de laïcité et d'universalisme. Ce rite est souvent associé au Grand Orient de France et intègre des rituels sobres, centrés sur la réflexion philosophique et la recherche de la vérité dans un esprit rationaliste.
3. **Rite Émulation**
   Originaire d'Angleterre, ce rite est pratiqué principalement dans les loges de la Grande Loge Unie d'Angleterre (GLUA). Le Rite Émulation est centré sur la fraternité, l'harmonie et la tradition, avec une importance accordée au respect des anciens usages maçonniques. Ce rite met en scène les trois degrés principaux et présente des rituels précis et formels, sans hauts grades supplémentaires. Il se distingue par son approche plus pragmatique et traditionnelle.
4. **Rite de York**
   Ce rite, également connu sous le nom de Rite Américain, est l'un des rites les plus populaires aux États-Unis. Il propose trois degrés symboliques et trois ordres complémentaires (Chapitre, Conseil et Commanderie), chacun correspondant à une étape de progression maçonnique. Il accorde une place importante à l'histoire et aux enseignements bibliques, avec une orientation chrétienne notable dans les degrés avancés.
5. **Rite Écossais Rectifié (RER)**
   Ce rite, fondé en France au XVIIIe siècle, se base sur les enseignements du christianisme et la quête d'une régénération spirituelle. Il est composé de quatre degrés symboliques (apprenti, compagnon, maître, maître écossais) et de hauts grades appelés "Ordre Intérieur". Ce rite se caractérise par une

forte dimension chevaleresque et mystique, encourageant la spiritualité chrétienne et la quête de purification intérieure.

6. **Rite de Memphis-Misraïm**

    Ce rite combine deux anciens rites égyptiens (Memphis et Misraïm) et est l'un des plus ésotériques de la franc-maçonnerie. Avec ses 99 degrés, il explore des enseignements mystiques, gnostiques et alchimiques. Ce rite est particulièrement apprécié par les francs-maçons qui s'intéressent à l'ésotérisme, au mysticisme et à la symbolique égyptienne. Bien que rare, il est pratiqué par des obédiences qui acceptent des approches spirituelles et ésotériques plus poussées.

7. **Rite Standard d'Écosse**

    Pratiqué principalement en Écosse, ce rite est similaire au Rite Émulation, mais avec des variations spécifiques aux loges écossaises. Il met en avant des rituels plus symboliques et mystiques, avec des degrés axés sur l'introspection et la fraternité. Le Rite Standard d'Écosse est un rite traditionnel, qui insiste sur l'importance des symboles maçonniques, du travail intérieur et de l'héritage des anciens.

8. **Rite Suédois**

    Pratiqué en Suède et dans certains pays scandinaves, ce rite est chrétien dans ses valeurs et ses symboles. Il comporte 10 degrés, chacun orienté vers une exploration progressive de la spiritualité chrétienne. Ce rite est réservé aux francs-maçons chrétiens et place une forte importance sur la foi chrétienne, la pureté morale et la fraternité, avec une hiérarchie bien établie.

9. **Rite Schröder**

    D'origine allemande, le Rite Schröder a été conçu comme un retour aux sources simples et épurées de la franc-maçonnerie, dépourvues d'éléments religieux ou ésotériques. Ce rite privilégie la réflexion philosophique, la tolérance et l'amélioration de soi à travers des rituels réduits à l'essentiel.

Il met l'accent sur l'humanisme et la neutralité spirituelle, en suivant des rituels courts et dépouillés.

Liste des principales obédiences maçonniques en France

Voici une liste des principales obédiences maçonniques en France, accompagnées de leurs adresses et sites web :

1. **Grand Orient de France (GODF)**
   - **Adresse** : 16 rue Cadet, 75009 Paris
   - **Site web** :https ://www.godf.org/[1]
2. **Grande Loge de France (GLDF)**
   - **Adresse** : 8 rue Puteaux, 75017 Paris
   - **Siteweb**[2] :https://www.gldf.org/[3]
3. **Grande Loge Nationale Française (GLNF)**
   - **Adresse** : 12 rue Christine de Pisan, 75017 Paris
   - **Site internet** :https ://www.glnf.fr/[4]
4. **Fédération française du Droit Humain (DH)**
   - **Adresse** : 9 rue Pinel, 75013 Paris
   - **Siteweb**[5] :https://www.droithumain-france.org/[6]
5. **Grande Loge Féminine de France (GLFF)**
   - **Adresse** : 4 cité du Couvent, 75011 Paris
   - **Siteweb**[7] :https://www.glff.org/[8]
6. **Grande Loge Traditionnelle et Symbolique Opéra (GLTSO)**
   - **Adresse** : 8 rue d'Athènes, 75009 Paris

---

1. https://www.godf.org/

2. https://www.gldf.org/

3. https://www.gldf.org/

4. https://www.glnf.fr/

5. https://www.droithumain-france.org/

6. https://www.droithumain-france.org/

7. https://www.glff.org/

8. https://www.glff.org/

- Siteweb[9] :https://gltso.org/[10]
7. **Grande Loge Mixte Universelle (GLMU)**
- **Adresse** : 5 rue de la Réunion, 75020 Paris
- Siteweb[11] :https://www.glmu.fr/[12]
8. **Grande Loge Mixte de France (GLMF)**
- **Adresse** : 20 rue de la Michodière, 75002 Paris
- Siteweb[13] :https://www.glmf.fr/[14]
9. **Grande Loge Traditionnelle de France (GLTF)**
- **Adresse** : 10 rue Jules Breton, 75013 Paris
- Siteweb[15] :https://www.gltf.fr/[16]
10. **Grande Loge des Cultures et de la Spiritualité (GLCS)**
- **Adresse** : 65 boulevard Bessières, 75017 Paris
- Siteweb[17] :https://www.glcs.fr/[18]
11. **Grande Loge Initiatique Féminine Francophone (GLIFF)**
- **Adresse** : 10 rue Jules Breton, 75013 Paris
- Siteweb[19] :https://www.gliff.org/[20]
12. **Grande Loge Mixte de Memphis-Misraïm (GLMMM)**
- **Adresse** : 10 rue Jules Breton, 75013 Paris
- Siteweb[21] :https://www.glmmm.org/[22]

---

9. https://gltso.org/
10. https://gltso.org/
11. https://www.glmu.fr/
12. https://www.glmu.fr/
13. https://www.glmf.fr/
14. https://www.glmf.fr/
15. https://www.gltf.fr/
16. https://www.gltf.fr/
17. https://www.glcs.fr/
18. https://www.glcs.fr/
19. https://www.gliff.org/
20. https://www.gliff.org/

13. **Grande Loge Symbolique Opéra (GLSO)**
   o **Adresse** : 8 rue d'Athènes, 75009 Paris
   o **Site**web[23] :https://www.glso.fr/[24]
14. **Grande Loge Unie de France (GLUF)**
   o **Adresse** : 8 rue Puteaux, 75017 Paris
   o **Site**web[25] :https://www.gluf.fr/[26]
15. **Grande Loge Indépendante de France (GLIF)**
   o **Adresse** : 10 rue Jules Breton, 75013 Paris
   o **Site**web[27] :https://www.glif.fr/[28]
16. **Grande Loge Mixte Souveraine (GLMS)**
   o **Adresse** : 5 rue de la Réunion, 75020 Paris
   o **Site**web[29] :https://www.glms.fr/[30]
17. **Grande Loge Symbolique de France (GLSF)**
   o **Adresse** : 8 rue Puteaux, 75017 Paris
   o **Site**web[31] :https://www.glsf.fr/[32]
18. **Grande Loge Traditionnelle et Moderne de France (GLTMF)**
   o **Adresse** : 10 rue Jules Breton, 75013 Paris
   o **Site**web[33] :https://www.gltmf.fr/[34]

---

21. https://www.glmmm.org/
22. https://www.glmmm.org/
23. https://www.glso.fr/
24. https://www.glso.fr/
25. https://www.gluf.fr/
26. https://www.gluf.fr/
27. https://www.glif.fr/
28. https://www.glif.fr/
29. https://www.glms.fr/
30. https://www.glms.fr/
31. https://www.glsf.fr/
32. https://www.glsf.fr/
33. https://www.gltmf.fr/

19. **Grande Loge Mixte Nationale (GLMN)**
- Adresse : 5 rue de la Réunion, 75020 Paris
- Siteweb[35] :https://www.glmn.fr/[36]

20. **Grande Loge Mixte de Memphis-Misraïm (GLMMM)**
- Adresse : 10 rue Jules Breton, 75013 Paris
- Siteweb[37] :https://www.glmmm.org/[38]

21. **Grande Loge Féminine de Memphis-Misraïm (GLFMM)**
- Adresse : 10 rue Jules Breton, 75013 Paris
- Siteweb[39] :https://www.glfmm.org/[40]

22. **Grande Loge Mixte Universelle de Memphis-Misraïm (GLMUMM)**
- Adresse : 10 rue Jules Breton, 75013 Paris
- Siteweb[41] :https://www.glmumm.org/[42]

23. **Grande Loge Traditionnelle et Symbolique de Memphis-Misraïm (GLTSMM)**
- Adresse : 10 rue Jules Breton, 75013 Paris
- Siteweb[43] :https://www.gltsmm.org/

---

34. https://www.gltmf.fr/
35. https://www.glmn.fr/
36. https://www.glmn.fr/
37. https://www.glmmm.org/
38. https://www.glmmm.org/
39. https://www.glfmm.org/
40. https://www.glfmm.org/
41. https://www.glmumm.org/
42. https://www.glmumm.org/
43. https://www.gltsmm.org/

Présenter une candidature

Pour présenter une candidature en franc-maçonnerie, voici les étapes et conseils généraux à suivre, sachant que les critères et les procédures peuvent varier légèrement selon l'obédience :

1. Comprendre la franc-maçonnerie et les obédiences

Avant de candidater, il est essentiel de se renseigner sur la franc-maçonnerie, ses valeurs, ses rites et les différents degrés d'initiation. La franc-maçonnerie valorise les principes de fraternité, de tolérance, de recherche spirituelle, de respect des autres et de perfectionnement personnel. Vous pouvez explorer les différentes obédiences et rites (comme le Grand Orient de France, la Grande Loge de France, etc.) pour voir celles qui correspondent à votre orientation philosophique ou religieuse.

2. Prendre contact avec une loge

- **Rencontres publiques** : Certaines obédiences ou loges organisent des conférences, des portes ouvertes ou des rencontres publiques. Assister à ces événements permet de poser des questions, de mieux comprendre le fonctionnement de la loge, et de vous faire connaître.

- **Contact direct** : Vous pouvez contacter directement l'obédience par téléphone, e-mail, ou via leur site internet. Certains sites web d'obédiences ont des formulaires de contact spécialement conçus pour les demandes d'adhésion.

3. Présentez votre demande par écrit

- **Lettre de motivation** : Rédigez une lettre de motivation en raison des raisons pour lesquelles vous souhaitez rejoindre la franc-maçonnerie. Dans cette lettre, abordez :

  o Ce qui vous attire dans la franc-maçonnerie (par exemple, valeurs, symbolisme, développement personnel).

  o Vos motivations personnelles et ce que vous espérez en tirer et y apporter.

  o Les valeurs qui vous animent et pourquoi vous pensez que la franc-maçonnerie est un cadre approprié pour les cultiver.

- **Informations personnelles** : Certaines loges demanderont également des informations telles que votre parcours personnel et professionnel, vos centres d'intérêt, et des références.

4. Les entretiens de sélection

Si votre candidature est retenue, plusieurs étapes d'entretien auront lieu :

- **Entretien préliminaire** : Un membre de la loge (ou plusieurs) vous rencontrera pour échanger de façon informée sur votre parcours, vos valeurs et vos motivations.

- **Passage sous le bandeau** : Avant l'initiation, certaines loges soumettent les candidats à une séance appelée "passage sous le bandeau" : un moment de recueillement et d'introspection où l'on demande au candidat de se concentrer sur les raisons profondes de sa démarche.

5. La décision de la loge

Après les entretiens, la loge se réunit pour délibérer. Cette décision repose généralement sur un vote secret des membres, qui prend en compte l'adéquation entre votre profil et les valeurs maçonniques. La loge vous communiquera ensuite si votre candidature est acceptée.

6. L'initiation

Si votre candidature est acceptée, vous serez invité à une cérémonie d'initiation, marquant spécifiquement votre entrée dans la franc-maçonnerie. Cette cérémonie est un moment symbolique fort, qui vous introduira dans le cheminement maçonnique et ses symboles.

Quelques conseils :

- **Soyez sincère et authentique** dans vos motivations : la franc-maçonnerie recherche des personnes désireuses de s'engager pour une personnelle et sociétale.

- **Respectez la discrétion** : même si la franc-maçonnerie n'est pas secrète, elle valorise la discrétion. Évitez d'en parler publiquement sans y avoir été invité.

Suivre ces étapes vous aidera à mieux comprendre si ce chemin est fait pour vous et à vous préparer à une éventuelle adhésion.

À propos de l'auteur

Yves Guéchi, auteur à succès, vous invite à plonger dans des explorations captivantes de sujets variés et essentiels.

Doté d'un style fluide et érudit, il rend accessibles des thèmes parfois complexes, tout en éveillant l'esprit et en nourrissant la réflexion. Son approche unique mêle profondeur et clarté, rendant chaque lecture enrichissante et inspirante. Que ce soit pour élargir vos perspectives ou approfondir vos connaissances,

Yves Guéchi propose une véritable invitation à la découverte et à la compréhension des grandes questions qui animent notre monde.

Vous pouvez lui écrire à l'adresse :

contact@mikaodif.fr

About the Author

Yves Guéchi, auteur à succès, vous invite à plonger dans des explorations captivantes de sujets variés et essentiels. Doté d'un style fluide et érudit, il rend accessibles des thèmes parfois complexes, tout en éveillant l'esprit et en nourrissant la réflexion. Son approche unique mêle profondeur et clarté, rendant chaque lecture enrichissante et inspirante. Que ce soit pour élargir vos perspectives ou approfondir vos connaissances, Yves Guéchi propose une véritable invitation à la découverte et à la compréhension des grandes questions qui animent notre monde.

Milton Keynes UK
Ingram Content Group UK Ltd.
UKHW041939241124
451423UK00001BA/207